用故事
喂大孩子

妈妈的陪伴
从讲故事开始

MAMADEPEIBAN

CONGJIANGGUSHIKAISHI

刘芳芳 编著

中国铁道出版社

CHINA RAILWAY PUBLISHING HOUSE

图书在版编目（ＣＩＰ）数据

妈妈的陪伴，从讲故事开始 / 刘芳芳编著 . – 北京 : 中国铁道出版社 .,2017.8

ISBN 978–7–113–23310–5

Ⅰ . ① 妈… Ⅱ . ① 刘… Ⅲ . ① 故事课 – 学前教育 – 教学参考资料
Ⅳ . ① G613.3

中国版本图书馆 CIP 数据核字 (2017) 第 150644 号

书　　名：妈妈的陪伴，从讲故事开始
作　　者：刘芳芳　编著

策划编辑：聂浩智
责任编辑：孟智纯
编辑助理：杨　旭
责任印制：赵星辰

出版发行：中国铁道出版社（100054，北京市西城区石安门西街 8 号）
网　　址：http://www.tdpress.com
印　　刷：北京鑫正大印刷有限公司
版　　次：2017 年 8 月第 1 版　2017 年 8 月第 1 次印刷
开　　本：880mm×1230mm　1/32　印张：7.5　字数：220 千
书　　号：ISBN 978–7–113–23310–5
定　　价：36.00 元

每位妈妈都是孩子的点灯人

两年前，女儿六岁，故事的魅力使我获得了一件意想不到而又珍贵的礼物。

那是本韩国的绘本，名字叫《奶奶来了》，是我当时要讲给女儿的睡前故事。

小女孩的爸爸和妈妈在小城里经营着一家小餐馆，非常辛苦和劳累。有一天，小女孩的奶奶从乡下一路搭出租车来到城里，花了爸爸很多租车费。

这个奶奶曾经不是一位好妈妈，喜欢捡破烂，没有美感，总是做着不应该做的事。

奶奶不会补衣服，为了省水，不让妈妈用洗衣机；软软的打卤面，奶奶都说硬；和奶奶在一起吃饭，她会随时吐得到处都是；奶奶老是把尿壶弄倒，害得小女孩只好和妈妈挤在一起睡。

奶奶还经常把鱼露放在衣橱里，直到长出蛆，真的好臭。就连大便都要小女孩提醒，因为奶奶总是要等到拉裤子才会想起去厕所。

……

这天，奶奶竟然躺在学校的围墙边睡觉。

爸爸背起睡得迷迷糊糊的奶奶，和小女孩一起走在回家的路上。

"爸爸，我们可不可以叫奶奶回自己的家住？"

"不行。"

"为什么？你不是从很小的时候就没跟她住一起了吗？"

"还是不行……因为是妈妈，奶奶是爸爸的妈妈啊！"

故事结尾有两个画面：一个画面是爸爸妈妈在给孩子和孩子的奶奶洗澡，另一个画面是小女孩对爸爸说："爸爸，我长高一公分了！"

这是一个小女孩看见爸爸怎么对待奶奶的故事，在她长高一公分的时候，她觉得自己有足够的力量可以把爸爸背在身上。

这个故事，我只给女儿讲了一遍。

那天早上，扭伤腰的我躺在床上，忽然听到从厨房传来一阵哐当哐当的响声。我缓慢地起身下床，来到厨房，眼前的一幕让我吃惊。我六岁的女儿，正站在小板凳上，从微波炉里端出一碗鸡蛋糕！她的脸上洋溢着喜悦，对我说："妈妈，这是我给你做的早点。"

看到我弯着腰扶着门框，她放下碗，头钻到我的胳膊下。

"妈妈，我现在可以当你的拐杖啦！"

她那被蛋清粘在一起的头发，和那双亮晶晶的眼睛，直到现在我都记忆犹新。

这是我收到的最好、最珍贵的礼物，它来自于爱，来自于稚嫩的童心。

孩子最初听到的，最初看到的，获得的最初的快乐与感动，会化为胸腔内的爱和素养。你给孩子怎样的教育，他们就有可能成为怎样的人。

苏格兰作家斯蒂文森写过一首诗，叫作《点灯的人》。诗里写的是那个每天太阳落下后，就扛着梯子走来，把街灯点亮的李利。

有很多妈妈，像极了点亮街灯的李利，她们和等在床前的孩子相约，把一个个有趣又耐人寻味的故事讲给孩子听，这些故事，就像夜色中亮起的一盏盏灯，为孩子的人生指明了方向。

在妈妈的故事里长大的孩子，那些美好会闪现在他们未来的生命里，长大之后，他们会按故事的理想和秩序来设计、建设自己的世界，而那些优秀的精神和素养，也会陪伴在他们成长的路途上。

每一个故事，每一段陪伴，每一个温馨的瞬间，都会有种子撒下，被泥土覆盖，被太阳照耀，然后长成一棵参天大树。

我把这本书献给想要教育好孩子的妈妈们。

献给所有等候聆听妈妈讲故事的孩子们。

也献给我的女儿豌豆，以及还在教育路上钻研的自己。

CONTENTS | 目录

PART 01 | 品格
优秀品格决定孩子的精彩人生

PART 02 | 习惯
好习惯造就最优秀孩子

CONTENTS | 目录

CONTENTS | 目录

PART 06 | 自律
自律的孩子更易成功

PART 07 | 乐观
乐观是孩子迈向成功的钥匙

PART 08 | 行动
行动决定孩子的成就

CONTENTS ┃目录

品格

优秀品格决定孩子的精彩人生

妈妈的陪伴
从讲故事开始

温暖的红衣小兔

大方分享，会快乐

　　"分享"和"快乐"本来是相亲相爱的好朋友，可是有的孩子却喜欢独享，而不愿意分享，尤其是当妈妈说："把你的玩具给别的小朋友玩一玩吧？"孩子的回答总是："不！不要！"

　　怎么才能让孩子学会把自己的东西和别人分享，并能够从分享中得到快乐和交到更多的朋友呢？你不妨给自己的孩子讲讲这个故事——

【妈妈讲一讲】

温暖的红衣小兔

　　这天早上啊，太阳发现在一片积雪里，站着一只穿着红衣服的小兔子！

　　"请问，你为什么站在那里一动不动呀？"太阳惊讶地问。

　　"我呀，想看看有没有需要我帮助的人。"红衣小兔高兴地对太阳说。

　　有一天，一只田鼠从红衣小兔的身边走过。

　　红衣小兔主动向田鼠打招呼："你好呀，请问你这是要上哪里去呢？"

　　"我要上姥姥家啊。可是雪已经被阳光融化了，我怎么才能过那个大水洼呢？"

"请你爬到我身上来，抓着我的衣领，我会带你跨过水洼。"

于是田鼠爬到红衣小兔的身上，抓着她的红色衣领，被带过了大大的水洼。

又是一天，麻雀从红衣小兔的头顶飞过。

"你好呀，请问你为什么这么难过？"红衣小兔问麻雀。

"我想去朋友家里做客，可是没有礼物……"麻雀沮丧地说。

"哦，我的红色手套送给你吧，我觉得它给你朋友做礼物再合适不过。"

于是麻雀抓着红色手套，高高兴兴地飞走了。

阳光灿烂的一天，红衣小兔看到一只不住吐着舌头的花狗。

"能问下你为什么要吐着舌头呢？"红衣小兔好奇地问道。

"因为我没有汗腺啊，最近天气又闷又热，弄得我晕乎乎的，要是有把扇子就好了。"

"哈，给你一片我的衣袖吧，正好能给你当扇子用呢。"

于是，花狗拿了红衣小兔从胳膊上扯下来的一片衣袖，高兴地扇着离开了。

日子一天天过去，白天越来越短了，接着又是秋天了。

这天，一只乌龟从红衣小兔身边爬过。

"你好，请问你要上哪里去呀？"红衣小兔低着头问乌龟。

"我想去海边呀，我们家族在那里聚会，可我要迟到了呀。"

"爬我身上来吧，我送你去海边。"

于是红衣小兔很快跳跃着向海边奔去，放下乌龟又很快地跑了回来。

这一天，乌云遮住了天空，一条小蛇爬了过来。

小蛇说："你好，红衣小兔。眼看就要下雨了，你还不回家吗？"

已经看不出衣服颜色的红衣小兔站在那里哆哆嗦嗦地问："请问，你需要我……帮什么忙吗？"但是小蛇摇了摇头，赶快爬走了。

接着天空越来越暗，不一会儿，雷声大作。红衣小兔依然静静地站在那儿，因为她身边新长出一棵嫩苗，红衣小兔想要守护着它。

没过多少天，天上飘起了雪。雪花轻轻地，轻轻地飘落到红衣小兔身上。

就在这时，从雪中升起一道耀眼的光芒，把天空都照亮了。被红衣小兔帮助和关爱过的田鼠、麻雀、花狗、乌龟从远处跑了过来，他们望着那道红色的光芒，心里温暖起来。他们跑到红衣小兔跟前，和她一起守护那棵嫩苗……

【妈妈点一点】

孩子，为什么田鼠、麻雀、花狗、乌龟看到红色的光芒，就会心里变得暖暖的？是不是因为他们都得到过红衣小兔的帮助？还有，红衣小兔每次帮助别人时，心里都充满了快乐。所以啊，帮助他人是一件非常快乐的事，而且能得到他人的友谊，这是一件多么开心有趣的事！

【妈妈有办法】
怎样培养孩子的分享能力

即使是分享一些小事物，也能够帮助孩子交到一些玩伴，在这些友谊交往的过程中，孩子不但能提高自己的语言表达能力，同时也会提高与人的交际能力。怎样才能让孩子拥有这种分享能力呢，你可以采取以下方法：

方法

1. 作为家长，你必须满足孩子对爱的需求。在和睦和充满爱的家庭里，孩子的安全感很强，这种拥有妈妈爱的孩子，更易与他人分享爱。

2. 尊重孩子的物权意识。你必须经过孩子同意，才能去动他的东西。如果孩子不同意动这些东西，你要做的就是：尊重孩子的决定。因为只有孩子对自己的东西拥有自主权时，他才愿意去谈分享。

3. 不给孩子乱贴自私的标签。当孩子不愿意分享时，请千万不要说孩子"小气鬼""吝啬包"等。这样的标签被你贴得越多，孩子就越不愿意去分享。

【互动小贴士】

在给孩子读完故事后，和孩子一起扮演故事里面的人物角色，模仿故事里人物的表情，以及人物说话的口吻和分享行为。还可以邀请其他小朋友参与进来，把故事排成简单的小话剧，和孩子们一起表演。

我要躲着你

豁达胸怀，更乐观

话说清代文学家张英老家的宅子旁有一条三尺宽的巷道，他家的邻居盖房时占用了这条巷道。张英的家人于是给张英写了封信，让他来解决此事。张英接到信后，却给家人写了这样一封回信："千里托书为一墙，让他三尺又何妨？万里长城今犹在，不见当年秦始皇。"张英的家人看了张英这封回信后，于是主动把院墙向后撤了三尺。邻居得知此事后，深受感动，于是把自家的院墙也向后撤了三尺。

【妈妈讲一讲】
我要躲着你

牛伯伯住在动物村，他是这里的搬运工，谁家需要搬运重物的时候都离不开他。

每次牛伯伯搬运重物的时候，小猴子总是在他后面调皮捣蛋扮鬼脸。

有一次，小猴子摘掉牛伯伯的帽子，给他挂在了牛角上，可把牛伯伯给气坏了。

牛伯伯一甩尾巴，打到了小猴子的头，小猴子疼得大叫一声，跑了。

小猪家的茅草被雨淋湿了，于是他急急忙忙地去请牛伯伯帮忙。

第二天天还没亮，牛伯伯就上草场去帮小猪运草。

草垛运到小猪家后，牛伯伯就步履稳健地走在回家的路上。他边走边想，幸好今天起得早，不然那个调皮鬼又会来捉弄自己。

路过一条小河时，牛伯伯跑到河边去喝水。牛伯伯尽情地喝着河水，河岸边的泥土却忽然开始下陷，等到发觉时，他的两个前蹄已经陷进了河里。

牛伯伯一着急，整个身体就掉进了河里，他的前蹄紧紧地抓住河边的杂草，不住地叫道："救命啊，救命啊！"

就在牛伯伯不断挣扎着时，小猴子忽然出现了。

原来小猴子正在树林里荡秋千，老远就听见有人在喊着"救命"。

眼看着牛伯伯快要被水淹没了，这时小猴子看见离河岸不远处有一棵大榕树，他灵机一动，就跑了过去！

小猴子把荡秋千的粗麻绳子，一头拴在树上，然后将另一头绕了一个圈，远远地扔给牛伯伯。

小猴子想让圈套住牛伯伯，可是好几次绳子都掉进了水里。最后一下，绳子才准确地套在牛伯伯的头上。

牛伯伯把绳子往身上套了几圈，然后缓缓向河岸边靠，小猴子则在另一端将绳子慢慢地往回收。

牛伯伯靠近岸后，用力往岸边一扑，这才上了岸。牛伯伯感激地对小猴子不停说谢谢。小猴子挠挠头不好意思地说：

"我以后不再捉弄您了，这样您就不用躲着我一大早起来去运草垛了。"

【妈妈点一点】

你的小伙伴中有像小猴一样捣蛋的吗？虽然捣蛋是孩子的天性，可是没有节制的捣蛋，也很让大人头痛的。瞧，小猴子虽然捉弄了牛伯伯，但在牛伯伯遇到危险时，却毫不犹豫地去帮助牛伯伯脱离危险。小猴子虽然调皮，却也豁达宽容，相信他认识到了自己的错误，以后会改正的。

【妈妈有办法】

怎样培养孩子豁达的胸怀

从孩子踏入校门的那一刻起，就要开始独立的成长之路，或多或少将会承受委屈。面对是是非非，如果孩子能有一个豁达的心态，这些负面的事情就很难左右他们的心智。

方法

1. 倾听孩子。当孩子遇到问题需要求助时，你需要认真地听孩子诉说，然后给孩子一些建议和指导，并告诉他们，这种感受很正常，因为每一个人都可能遭受这样的经历。同时要鼓励孩子去解决这些苦恼，慢慢地，他们就会提高应付困境的能力。

2. 妈妈要有自制力。如果妈妈没法控制自己的情绪和脾气，在孩子面前肆意宣泄坏情绪，这样的氛围只会毁了孩子。

3. 创造机会，让孩子和小伙伴们一起玩游戏。你可以选择一些热情大方的小朋友来和孩子一起玩，让孩子在愉快的玩耍中，学会礼让，并建立友谊。

【互动小贴士】

带孩子上游乐场，鼓励孩子去和陌生的小朋友打招呼，主动介绍自己，融入其他小朋友的圈子。如果孩子能和五个或五个以上的小朋友打招呼，就给孩子一些奖励，比如贴小星星，或者给孩子读故事。

住进琉璃鱼花瓶的夜来香

不攀比，少虚荣

"妈妈，班里的童童新买了个文具盒，是她妈妈从国外带回来的，我也很想有啊。""妈妈，同学们都用苹果平板了，给我买一个呀！"听着是不是有些熟悉？教育界有这样一句名言：问题孩子的背后，一定有不当教育方法的家长。怎样才能让孩子远离攀比，请先和孩子一起读下面的故事。

【妈妈讲一讲】
▼ 住进琉璃鱼花瓶的夜来香

阳台的花盆里，种着两株花：一株夜来香，一株龙菊。

"喂！伙计，"夜来香对龙菊说。"你看到茶几上的那只花瓶了吗？"

"看见了，怎么了？"龙菊瞄了花瓶一眼后，反问。

"多好的琉璃鱼花瓶啊！"

"你想到那里去吗？"

"如果我能到那里，散发出浓烈的花香，坐在沙发上的宾客，肯定会对我称赞不已的。"

"我劝你打消这个念头。"龙菊真诚地说。"去年，你姐姐去了，再也没有回来！"

夜来香瞟了龙菊一眼，显出鄙夷的神色，说："你害怕我到那里？其实你是怕我比你受到重视！是不是？"

"我可没这样想呀，真的，我是不会去羡慕别人的名誉和地位的。"

"好吧，"夜来香说，"我就相信你吧。不过，到花瓶里生活可是我的志向呢！"

没多久，夜来香真的到花瓶里去了。

客人们很欣赏夜来香，他们望望她，凑近鼻子嗅一嗅，还用手抚摸她那像蒜一样的绿叶。夜来香心里很美，她看向龙菊，心里说：瞧，我生活得不错吧！

然而没过多久，夜来香消瘦下来。上翘的叶片下垂，有些枯黄。

夜来香对龙菊大声说："我生活在这样舒适的环境里，为什么会越来越瘦弱？"

可是，尽管她用劲呼喊，龙菊还是听不清楚，因为她的声音太微弱了。

最后，夜来香使出全身力气问道："龙菊啊，你看我变成这般模样了，这是为什么呀？……"

"道理很简单啊！"龙菊回答，"你离开了供你营养的土壤，放弃了日晒、夜露的锻炼，丢掉了生枝长叶的根本！"

"怎么办？"夜来香哭丧着脸说，"我该怎么办？"

"怎么办？你已经断了根基……"龙菊不好说下去，免得叫夜来香伤心。

"唉！如果我不追求虚荣，就不会……"

夜来香的头垂到了胸前。

【妈妈点一点】

你喜欢龙菊，还是喜欢夜来香？你的朋友当中，有像夜来香一样的吗？他们平时都是怎样的表现？夜来香住进了漂亮的琉璃鱼花瓶，你知道她为什么越来越枯黄了吗？看到夜来香的结局，是不是很替她遗憾呢？

【妈妈有办法】

怎样纠正孩子的虚荣心

孩子的虚荣心其实是孩子心理发育过程中的正常现象。引导得当，虚荣心就能转化为进取心；如果被忽略，任其发展，它就会成为孩子成长中的绊脚石。

方法

1. 树立良好的榜样。平时生活中，只要你不把"名牌"之类的话语挂在嘴边，孩子也就不会追求名牌。

2. 适时对孩子说不。面对孩子的无礼要求，你要坚决地拒绝。你需要告诉孩子，现在花的钱是妈妈的，他如果想要满足自己的虚荣心，那就得通过自己的努力去获得，而不是拿着妈妈的钱去炫耀。

3. 正确地对待社会差别。引导孩子学会平等对待和尊重周围的人，不要去轻视弱者或者只尊重强者，要让孩子明白，每一个人身上都自有他的闪光点，这些闪光点并不由贫富决定。

【互动小贴士】

讲完故事后，和孩子聊聊家庭的实际状况。可以和孩子约定，如果孩子想要某件东西，他可以帮忙做家务，然后从中获取报酬，以此养成孩子按劳取酬的习惯。

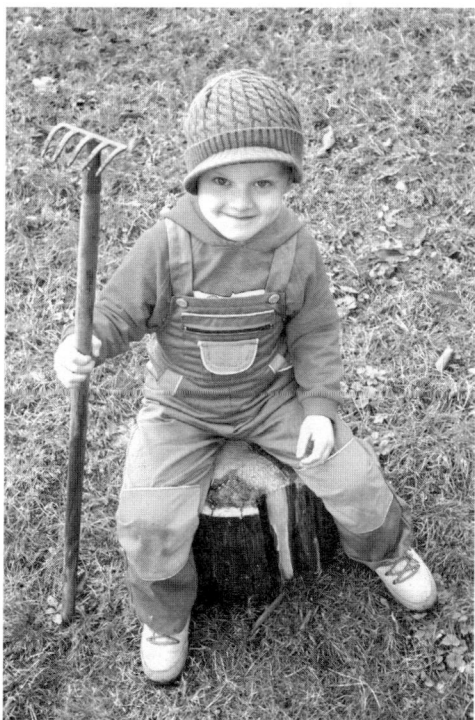

两只猴子走绳索

懂得谦让，显大气

幼儿园公开课，孩子们在玩抢凳子游戏。你的孩子和一个小朋友因为抢凳子而发生争执，非得把凳子抢到手不可。老师过去劝说，你的孩子非但不松手，还拽着凳子哭闹不停……这样的情景不止出现在学校里，还经常出现在生活中。孩子的争强好胜，一方面让你欣喜，因为你觉得他长大后不会受委屈，不会吃亏；另一方面你又担忧，孩子不知谦让，会不会变得骄横自大？其实，谦让的品格与孩子最终在人生的竞争中获胜并不矛盾，还更有可能促使孩子走向成功。

【妈妈讲一讲】
▼ 两只猴子走绳索

在森林中，有两棵大树，两棵大树中间拴着一条长长的绳索。

这天，两只猴子跳到绳索上玩。一只在这头，一只在那头。

玩着玩着，他们都想到对方的那边去玩。

于是他们都走到了绳索中心，结果相互挡住了去路，谁也无法通过。

东边的猴子说："哼，是我先跳到绳索上的，你赶紧退回去，我过了你再过。"

西边的猴子却说："你搞错了吧，明明是我先上来的，你退回去，让我先过。"

两只猴子说着说着，就开始吵闹起来。他们就那样面对面地站在绳索上你瞪着我，我瞪着你。

时间一点点过去，两只猴子瞪来瞪去的也没什么结果。

最后，东边的猴子火大了，他大声说："赶紧让开，再不让开，就让你尝尝我爪子的厉害！"

西边的猴子也气得叫道："来啊，我正想把你打趴下呢！"

说着，他俩就向对方扑去，你抓我，我扯你。

最后，他们抱在一起，跌下了绳索。

这下，森林里安静下来了，因为两只猴子摔落在地，不知死活。

【妈妈点一点】

你和小朋友抢过玩具吗？或者抢过秋千吗？是不是抢到的时候，心里美滋滋的，觉得自己胜利了？可是当争抢失败的那个小朋友说再也不跟你玩了，你是不是又会有些小伤心？看到两只猴子互不相让的这一幕，是不是很熟悉？而结果，会不会有些心惊？下次和小伙伴们一起玩时，我想，你会学会谦让，和他们轮流玩玩具吧！

【妈妈有办法】

怎样培养孩子谦让的品质

在家庭里，孩子都是"小太阳"，一家人如同"行星"一样，不停地绕着这个"小太阳"转，对孩子是有求必应、百依百顺。于是，孩子就出现了独占而不考虑他人的现象。要想让孩子养成谦让的品质，你可以从以下几个方面入手：

方法

1. 消除孩子"众人为我"的心理。要想让孩子考虑到别人的需要，就得让他明白，好东西不是他一个人的，他并不比其他人特殊。要引导孩子学会和大家分享，并让他从分享中获得快乐。

2. 用鼓励强化孩子的谦让行为。当孩子表现出谦让行为时，妈妈要及时给予鼓励："我的孩子真懂事，都学会照顾别人了！"这种鼓励性的言语，会让孩子明白，他这样做是被赞赏和支持的。

3. 多讲谦让故事。让孩子从故事中学会并理解善良、竞争、谦让。

【互动小贴士】

　　和孩子在情景游戏中进行角色扮演。比如设计如下情景：在公交车上，你扮演老人，孩子扮演让座的小朋友，孩子让座并扶助后，要赞扬孩子的行为；在聚会上，让孩子把自己好吃好玩的东西拿出来，分享给大家。在这些情景游戏中，孩子在增强语言表达能力的同时，其谦让的行为也能随之产生。

小麻雀做窝

不找借口，勇于面对

吃完饭，你让孩子把碗筷端到厨房，孩子不情愿地捧住碗筷就走，由于孩子的心不在焉，碗从手里滑了下去，摔碎了。你闻声赶来，孩子却噘起小嘴对你说："都怪这碗又滑又重，它自己从我手里掉下去了。"看到孩子没有一点为自己打碎碗的行为愧疚，于是你生气地说："做错了事情就要去认错，要去承担责任而不是去找借口。"孩子听了你的话，一边大哭，一边说："明明是碗太滑了摔碎的，根本不是我的错！"

【妈妈讲一讲】

小麻雀做窝

小麻雀住在一棵树上，她的家经过风吹日晒，到处漏风。

"不能住在这里了，我必须换个家才行。"小麻雀对自己说。

这天，小燕子、小喜鹊来看小麻雀。

小燕子说："前边有个大房子，在那里做窝可好了，我俩呀，就住在那儿。"

小喜鹊说："好多同伴都住在那里。我们在一起玩，甭提有多快活啦！"

小麻雀听了小燕子和小喜鹊的话，连忙说："我也想在那里给自己做个窝。"

第二天，小燕子来找小麻雀，想帮助她衔草，去大房子里做窝。

"我今天呀，不能去做窝。"小麻雀看看头顶上的太阳说。

"为什么呀？"小燕子不解地问。

"天气太热了啊，会中暑的！"小麻雀说。

小燕子只好飞走了。

又过了两天，小喜鹊来找小麻雀，想帮助她衔草，去大房子里做窝。

"今天好像有雨，会把我淋感冒的。"小麻雀望着阴沉的天说。

"现在还没下呢，我们赶紧做窝去吧。"小喜鹊说。

"不行，不行，我的身子可是很娇弱的！"小麻雀说。

小喜鹊很无奈，只好飞走了。

又过了两天，杜鹃来找小麻雀，想要帮她做窝。

这天，天气既不热，也不会下雨。可是小麻雀还是说：

"哎呀，我今天不能去做窝呀。"

"为什么呀？"杜鹃问。

"今天不是个做窝的好日子，我可不想触霉头！"小麻雀说。

唉，真是拿她没办法，杜鹃也只好飞走了。

瞧，直到现在，小麻雀还躺在她四处漏风的窝里，望着天空说："真想做个新窝呀，可是谁让我的身体太娇弱呢！"

【妈妈点一点】

小麻雀想不想做新窝啊？可是为什么最后她没有做成呢？都有谁去想要帮助她呢？为什么她们最后都走了？如果换作你，住在四处漏风的地方，你会勇敢地走出来，不为自己找各种借口吗？想想看，小麻雀最后的结果是什么样的？

【妈妈有办法】

怎样让孩子遇事不找借口

美国教育家布卢姆说过："借口是不想担负责任的托词，是不信守承诺的反映，是畏惧困难不求上进的表现，它直接阻碍着一个人将来的成功。"想要孩子坦诚、有责任感，就得让孩子学会在犯错误后懂得承担责任，而不是找借口逃避。

方法

1. 分析孩子找借口的原因。孩子找借口的原因大多有：从小被成人夸奖太多或者被过分溺爱；或者语言表达能力强，伶牙俐齿地找借口；父母知其原因，却没有解决的办法；孩子找借口时，没有进行有效的奖惩措施；或者平时说教多于行为训练等。妈妈可以根据孩子的具体情况，做一个客观的分析，然后从教育方式上进行改进。

2. 教孩子多从自身找原因。很多妈妈在孩子跌倒后会埋怨石头，怪罪石头绊倒了他们，这种行为会对孩子造成潜移默化的影响。妈妈要做的是，教会孩子从自身找原因，如果走路时看着脚下，就不会跌倒了。

3. 强调找借口的危害。用真实的案例告诫孩子，让他们知道找借口的危害性，并教会他们敢于承担自己的错误后果。

【互动小贴士】

给孩子建立"成长记录"，记录孩子生活中发生的事。孩子有好的行为和表现时，就在上面画星号，也可以鼓励孩子表达自己的观点。当孩子共同参与自己的"成长记录"时，看到上面的星一颗颗积累，就会产生积极的心态。

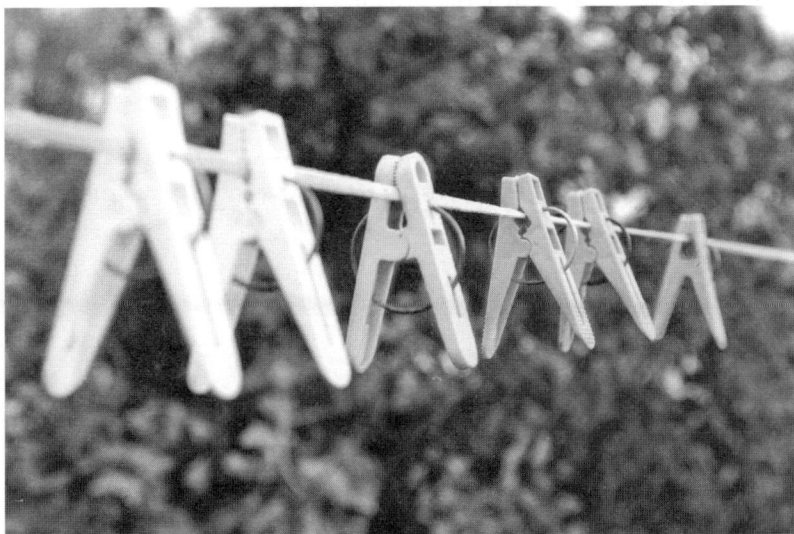

踢足球的小狮子

敢承担，负责任

"妈妈，我的语文书呢？"

"你自己的东西，你应该知道在哪里！"

"我不知道！"

于是最后寻找课本变成了你的事。一句"不知道"，孩子便心安理得地把他该承担的责任推掉了。长此以往，孩子就把他自己学习应有的责任意识转移给了你，从此他更加漫不经心。

【妈妈讲一讲】
踢足球的小狮子

有一只小狮子，特别喜欢踢足球。

这天，小狮子在院里踢足球，结果——

"嘭！"

足球踢到老虎的院子里，打碎了一盆玫瑰花。

小狮子怯怯地告诉爸爸，叫爸爸去拾球。

狮子爸爸不同意，让小狮子自己去。

狮子爸爸除了让小狮子向老虎伯伯道歉，还让他带上它最喜欢的一盆花作为赔偿。

小狮子呀，难为情地含着泪，捧着花一步一步走向老虎家。

老虎看着小狮子泪水盈盈的样子，没有责备他，也没有留下花，还从屋里拿了一包肉干送给小狮子。

小狮子回到家，狮子爸爸看到他手里多了包肉干，于是径直去找老虎。

"老虎先生，我儿子犯了错，我想教育教育他，还望你配合下。因为犯错的孩子不应得到奖励。"

狮子爸爸让小狮子拿着肉干和鲜花又送给了老虎。

当天，狮子爸爸又借着一次机会，把肉干奖励给了小狮子。

【妈妈点一点】

如果你踢足球撞坏了别人家的东西，你会大胆地向别人承认错误和道歉吗？狮子爸爸的做法似乎有点过火，但他是对的，小狮子所犯的错误，必须要勇于承认。小狮子以后再遇到类似的问题，就会懂得承担必要的责任。

【妈妈有办法】
怎样培养孩子的责任感

责任感将会对人生起到重要影响，不过孩子做事往往更多地重视行为过程本身，而不太重视行为的结果。因此，要培养孩子的责任感，必须让他们养成对自己行为负责的习惯。

方法

1. 让孩子为自己的行为负责。弄坏了别人的东西，除了道歉之外，还要对别人进行赔偿。这样可以让孩子知道，谁造成不良后果，就该由谁负责。"言必行，行必果"，你必须要求孩子负责任，承担后果。

2. 进行适当的惩处。孩子做事往往是一时兴起，要让孩子对某件事负责到底，必须清楚告诉他做事的要求，并且与处罚联系在一起。

3. 引导孩子乐观地面对挫折。告诉孩子，困难是暂时的，一切总会过去。假设孩子在测验中考砸了，你要鼓励孩子，不要总是沉浸在失败的痛苦之中。可以让孩子高声地告诉自己："我是个不错的学生，下一次我就能考好了，我能行，我能行的！"

【互动小贴士】

让孩子管理家里的伙食费，你可以这样给孩子规定：第一，家里每个月的伙食费为 1200 元，每周的开销为 300 元；第二，周末孩子买菜时，可以根据家人和他自己需要补充的营养进行合理搭配购买；第三，如果当月的伙食费没有用完，可以进行上交，如果超支，可以扣除下个月的这部分伙食费，下个月陪孩子一起节省，把亏空的补回来。在这样的生活实践中，孩子会学会合理安排，并承担起责任来。

习惯

好习惯造就最优秀孩子

妈妈的陪伴
从讲故事开始

慢腾腾的"拖拉"

管理时间，不磨蹭

你几乎要崩溃了，孩子从刷牙到吃早餐，你喊了不下十次，他还懒洋洋地躺在沙发上。好不容易动身了，又突然被什么东西吸引了，马上忘记了要做什么。慢吞吞，心不在焉，装可怜……你招数用尽，他就是不肯行动。怎么办？请先和孩子一起读读下面的故事吧。

【妈妈讲一讲】

慢腾腾的"拖拉"

有一个人做事特别慢，大家都叫他拖拉。

麦子熟了，大家都早早起来去地里割麦子。

拖拉呢，直睡到太阳升到半空，才打着哈欠，伸着懒腰往地里走。

还没割一会儿，呀，又到了吃中午饭的时间啦。

大家都很快地吃完带来的饭，继续去割麦子。拖拉呢，却慢慢地端起碗，慢慢地拨着米粒，慢慢地送进嘴里。

邻居大声对他喊："拖拉呀，快来割麦子啦，眼看就要下雨了。"

"轰隆隆，噼啪……"天上打起雷，闪起电。

拖拉这才着急起来，他赶紧把饭碗放到地上，跑去割麦子了。

拖拉跑到地里时，别人已经割完麦子，开始往家里运了。

拖拉刚割了一会儿麦子，肚子就饿得"咕咕"叫，于是他又跑到地头去吃饭啦。

吃着吃着，拖拉感觉嘴巴里怪怪的，他这才往碗里一看，咦，饭碗里都是虫子！

"哗啦啦……劈里啪啦，轰隆隆……"大雨下起来。

雨越下越大，坐在地头的拖拉浑身水淋淋的，好像一只落汤鸡。

"呜呜呜……"拖拉哭起来。

邻居看拖拉还没有回家，于是叫上大家跑地里去帮忙。大家到了地里一看，只见拖拉还是在慢慢地割麦子。

"你怎么没一点力气？"有人问。

拖拉说："没有吃饱饭，哪有力气啊。"

邻居问："你的饭呢？"

拖拉说："碗里的饭都让虫子给吃了。"

大家听了哈哈大笑。你听听，他们一边帮拖拉割麦子，还一边唱道：

"有个拖拉真拖拉，

吃起饭来慢腾腾。

拨过来，拨过去，

结果米饭变虫子。

哈哈哈，哈哈哈，

结果米饭变虫子。"

大家一边唱，一边割。割完麦子，大家又帮着拖拉把麦子运回家。

从那以后，谁要是再做事慢吞吞的，大家都会说：

"你怎么和拖拉一样啊。"

就连拖拉自己也编了一首歌：

"不拖拉，不拖拉，

吃饭不拖拉，

做事不拖拉，

米饭不会变虫子。"

唱着自己编的歌谣，拖拉做事情越来越快，再也不慢吞吞的了。

【妈妈点一点】

看了拖拉的故事，是不是为拖拉的慢腾腾挺着急的？恨不得让他快一点，再快一点？是不是和妈妈平时催促你的时候很像？还好拖拉后面改变了自己的习惯。不然，他真的要为收不了麦子而饿肚子啦。

【妈妈有办法】
怎样让孩子做事不磨蹭

常言道：十个孩子九个磨！妈妈一说起孩子的磨叽，总有诉不完的苦。其实导致孩子拖拉是有原因的，需要妈妈耐心寻找症结，并帮助他们改变。

方法

1. 帮孩子明确时间观念。孩子做事磨蹭，是因为孩子没有时间概念。你需要平静下来给孩子讲讲时间的价值，给孩子灌输时间观念。然后对孩子进行时间训练，让孩子多少时间内做完哪些事，只要孩子在这个时间内完成，就给予孩子一定的奖励。

2. 让孩子为磨蹭付出代价。孩子因为磨蹭而带来的损失，就要给予相应的惩罚，让他体会磨蹭带来的恶果，以改变孩子的拖延习惯。

3. 为孩子营造一个安静的学习环境。很多孩子做作业拖拉、磨蹭，是因为注意力不集中造成的，妈妈尽量给孩子一个独立、安静的空间，让孩子集中精力学习。

【互动小贴士】

和孩子一起比赛，比如看谁先把裤子穿好，谁先刷完牙，谁先把桌子收拾干净……这样的小游戏适合每天进行，然后慢慢提升难度，比如跟孩子一起制订生活日程表，记录每天早晨穿衣、盥洗、吃饭等所用的时间等。

小兔子嘴巴有蛀牙

喜欢刷牙，没蛀牙

"为什么要刷牙呢？牙齿还不脏嘛！"

"又要刷牙，麻烦麻烦，不要就不要！"

"我的牙齿不脏，不刷不刷就不刷。"

不喜欢刷牙的孩子，总有千万个理由在排队等着说服你，好让他从这等苦差事中解脱出来。对于孩子百般的不情愿，你虽然头大，却也不会轻言放弃：从好言相劝到生拉硬扯，从连哄带骗再到威逼利诱……可谓无所不用其极。终于，孩子在你的"十八般武艺"下缴械投降，极不情愿地刷了牙，到了第二天又循环上演。难道让孩子喜欢刷牙就这么难吗？或许你需要给孩子讲讲下面的故事。

【妈妈讲一讲】

小兔子嘴巴有蛀牙

有一只小兔子，不讲卫生，不爱刷牙，他的牙齿呀，就越来越黄，嘴巴呀，也总是臭臭的。

小兔子去找小鸡玩。玩着玩着，他张大了嘴巴大笑。

"小兔，你的牙好黄呀，还臭臭的！"小鸡捂着鼻子说。

小兔子去找小狗玩，他刚张口说话，小狗就说："你的嘴巴里什么味儿呀？真是臭极了！"说完，小狗就躲到一边不愿意和小兔子玩了。

没一会儿，小猫走了过来，小兔子张开嘴巴，对小猫说："小猫，我们来玩——"

"好难闻的气味！啊……啊……啊嚏！"小猫打了个大喷嚏，她也不愿意和小兔子玩了。

小兔子好难过，他闷闷不乐地回到家，对着镜子看自己的嘴巴，然后呵了口气，真的好臭呀，牙齿也好难看！

小兔子的爷爷来看小兔了，小兔子扑过去直叫爷爷好。可是他刚一张嘴，爷爷就叫道："天呀，小兔，你是不是好久没有刷过牙了？"

"嗯……有、有一个月没有刷过了……"小兔子难为情地说。

爷爷找来出牙刷和牙膏，盯着小兔子仔细刷牙。刷着刷着，小兔子叫了一声："哎哟！"

小兔子的牙好疼！爷爷只好带他去看牙。

"蛀牙啦，这都是不好好刷牙惹的祸！"啄木鸟医生说。

"好疼！好疼！"小兔子叫道。

"你以后可要好好刷牙啊，牙全长蛀虫了，可吃不了甜甜的胡萝卜啦。"爷爷说。

兔子吃不成胡萝卜？不要！不要！从这以后，小兔子每天都会按时刷牙，牙齿不再是黄黄的，嘴也不臭臭的了，也没再长过蛀牙！

【妈妈点一点】

小兔子不爱刷牙，牙齿黄黄的，臭臭的，没有小伙伴愿意和他玩，而且还长了蛀牙。如果你也有这么一个不爱刷牙的小伙伴，嘴巴臭臭的，你还会和他一起玩吗？而且不刷牙，会长蛀牙，想想如果牙齿被细菌"咬"成大黑洞，是不是有些怕怕？要想交到好朋友，要想没有蛀牙，一定要好好刷牙才行哦。

【妈妈有办法】

怎样让孩子喜欢上刷牙

孩子到了两岁半，20颗乳牙都萌出后，就应该开始学刷牙了。到了3岁左右，孩子就应该养成早晚刷牙、饭后漱口的习惯。

方法

1. 经常在孩子面前刷牙。每次刷牙之前，要对孩子说："我要给牙齿洗澡啦，不然牙齿会生虫子的。"同时鼓励孩子拿起自己的牙刷，和你一起做刷牙"游戏"。

2. 让孩子保持新鲜感。想让孩子对刷牙一直保持兴趣，就让孩子自己去选购喜欢的牙膏和牙具。牙具用一定时间后，可以让孩子重新选购，孩子一直处于新鲜感中，才能养成刷牙的好习惯。

3. 鼓励和夸奖孩子。孩子刷牙时，你要适当地夸奖，给予孩子大大的肯定，还可以在别人面前夸夸孩子的小牙齿很干净，并把这归功于孩子刷牙的好习惯。

【互动小贴士】

让孩子扮作"牙医"，给玩具娃娃检查牙齿有没有生病。并让孩子给玩具娃娃刷牙，一边刷，一边唱有关刷牙方法的歌。在孩子做这些的时候，要夸奖孩子刷得干净，刷的方法很好。

大灰狼是个马大哈

练就细心，不大意

"这些题目我都会，我只是粗心错了一道题！"

"我的孩子这回要不是因为粗心，能考 100 分呢！"

诸如此类的话，你经常听到，自己也常说。因为你觉得，"粗心"并不是不会，没什么可担心的。妈妈一旦这样自我安慰，对孩子粗心的毛病就会宽容，不利于孩子养成好习惯。

【妈妈讲一讲】
大灰狼是个马大哈

这天夜里，静悄悄的。一只肚子空空的大灰狼从洞里跑出来找吃的。

听，树丛里有声音！咦，好像有什么东西藏在那里呢。

大灰狼悄悄跑过去，大吼一声："小东西，我要一口吃了你！"

"你吃吧，大灰狼！"那小小的东西说。

嘿，简直就是个大傻瓜嘛！大灰狼扑了过去，张开大口。

"好疼！你是个什么东西呀？"大灰狼痛得叫起来。

"我是刺猬，想吃我，没门儿！"

"真是的，还以为是好吃的呢。肚子好饿呀……"大灰狼揉着嘴巴垂头丧气地走了。

走着走着，咦，石头后有声音，好像有什么东西藏在那里呢。

大灰狼悄悄跑过去，然后大叫一声："你不会又是刺猬吧？"

"不是。"

"嘿嘿，不是刺猬就好，我现在就要吃掉你！"

"吃吧吃吧，大灰狼！"那东西说。

这可真是个大傻瓜！大灰狼扑上前去，张开大口。

"疼！疼！疼死啦！你个刺猬骗子！"

"我可不是刺猬，我是针鼹！"

"针鼹？干嘛要长刺啊？"倒霉的大灰狼饿着肚子，揉着受伤的嘴巴走了。

大灰狼走着走着，咦，山丘后有声音，好像有什么东西藏在那里呢。

大灰狼悄悄跑过去，大叫一声："哼，你们别想骗我啦！"

"我干吗要骗你呀？"

"你说你是不是刺猬和针鼹？"

"不是。"

"哈哈，只要不是他们，我现在就要一口吃了你！"

"吃吧吃吧，大灰狼！"那个东西说。

大灰狼赶紧扑过去，张开大嘴。

"疼！疼！疼死啦！你这个骗子！"大灰狼气得大叫。

"想吃我，没门儿！"豪猪说。

"呜呜……真是倒霉透了！肚子没填饱不说，还伤了嘴巴！"

大灰狼哭着鼻子，饿着肚子，揉着嘴巴，回洞里睡觉去了。

【妈妈点一点】

大灰狼因为自己的马虎和粗心，不管不顾地去吃刺猬、针鼹和豪猪，结果不但没有吃掉，还被他们的刺扎了嘴巴，最后饿着肚子回洞了。你瞧，粗心大意的结果，只能自己承受啦。

【妈妈有办法】

怎样让孩子做作业时克服粗心大意

孩子做作业总是很粗心，明明很简单的题，却总是看错或者漏写。如何克服？请参考以下方法：

方法

1. 集中纠错。帮孩子准备一个错题本，然后把这些错题的类型记录下来，让孩子多做练习，让这些题镶嵌在孩子的意识里，以后就会很难出错。

2. 正面引导。给孩子制作一张表格，只要孩子减少一次粗心失误，你就在后面打个对号，当对号到了一定数量，就给孩子一定的物质或精神奖励。

3. 合理安排时间。给孩子合理安排时间，比如分配休息的时间，做作业的时间，这样一张一弛，做作业的效率就会比较高。

【互动小贴士】

　　和孩子一起玩文字、数字游戏，比如和孩子比赛写相近字，看谁能完全写对，例如"千"与"干"、"贝"与"见"、"爪"与"瓜"等，让孩子在写的过程中注意笔画的区别、点与捺的区别等。

赖床鼠

按时起床，身体棒

上学后，孩子每天必须要在规定的时间起床，可是孩子却喜欢赖床。每天早晨，闹钟一次次地响，你一遍遍地催，折腾好久他才慢腾腾地起来。时间紧了，连早餐都顾不上吃，就这样，还经常迟到，老师都开始有意见了。作为妈妈，你该怎么办呢？

【妈妈讲一讲】
▶ 赖床鼠

赖床鼠本来有个可爱的名字叫跳跳，可是因为他总喜欢赖在床上，大家只好给他取了个外号叫：赖床鼠。

"吃饭啦！"妈妈叫赖床鼠。

"我要在床上吃！"赖床鼠从被窝里探出脑袋说。

"唉，真是没办法。"妈妈把饭端到他的床前。

你猜赖床鼠是怎么吃饭的？他居然趴在被窝里吃了，因为他懒得起身呀。

"要上学啦！"妈妈说。

"我不要上学！"赖床鼠赖在床上不想动。

"不行，都请了好几次假了，这次必须去。"妈妈说。

等妈妈收拾好书包出发时，赖床鼠居然又在被窝里呼呼睡着了。

唉，还真是没办法，妈妈只好用被子裹着赖床鼠去学校了。

公共汽车上，有位兔子先生给他们让了座。

"你的孩子真可爱，胖胖圆圆的。"兔子先生说。

"嗯……他、他从小就能吃能睡。"鼠妈妈脸有点红。

"这个婴儿长得真大，他有多大了？请问你是怎么把他养得这么好的？"

有位兔阿姨凑过来问。

就连其他人也围过来七嘴八舌地说："瞧他睡得多香。""要是我家宝宝个子也这么大就好了。"

听着大家的话，鼠妈妈的脸更红了。

到了学校那站时，鼠妈妈没好意思下车，她只好抱着赖床鼠兜了一圈又回到了家里。

赖床鼠呢，一直在睡，根本不知道发生了什么事。

"睡，睡，睡，就知道睡。太丢人了！"鼠妈妈一进家门，就拉起了赖床鼠的身子。

赖床鼠却揉揉眼睛说："妈妈，怎么了呀？"

鼠妈妈把公交车上大家围观他的事情一说，尤其是听到有人把自己被称为超级婴儿时，他的脸蛋直发烧。

你猜赖床鼠后来怎么样了呢？嗯，他决定改掉睡懒觉的坏习惯，要早睡早起。说不定过一段时间，你得叫他早起鼠啦。

【妈妈点一点】

赖床鼠好喜欢睡懒觉哦，他还特别赖床是不是？你有没有这样的坏习惯？妈妈总是叫了一遍又一遍，你还趴在床上不想起来？有没有感到睡得越久，赖床越久，身子也越来越松软，越来越没有力气？可别像赖床鼠那样，变成小胖鼠哦。

【妈妈有办法】

怎样让孩子克服赖床的习惯

孩子赖床，让你很头痛，训吧，用处不大。打吧，也解决不了实际问题。到底怎样才能改掉孩子赖床的坏习惯呢？

方法

1. 给孩子创建生物钟。定时定点叫孩子起床，这样就会让孩子形成生物钟。用不了多久，孩子赖床的习惯就会有所改善。

2. 以身作则，早睡早起。想让孩子有按时作息的好习惯，父母就要以身作则，这样对身体也有好处。

3. 营造起床气氛。孩子如果不愿意起床，可以播放一些轻音乐，或者放一些孩子喜欢听的故事，这样一来，孩子会渐无睡意，也很难因为轻音乐或者故事而恼火。

4. 告诉孩子了赖床带来的不良后果。比如没时间吃早餐，因为仓促忘课本或作业，或者迟到会被老师批评等。当孩子意识到赖床带来的后果，便会自行起床。

【互动小贴士】

　　早上叫孩子起床，给孩子播放轻快活泼的音乐，然后告诉孩子，如果在一定的时间内起床，就会奖励他小星星，还可以陪他玩游戏。当孩子起床时，要对孩子说："呀，宝贝说到做到，真是个做事迅速的孩子。"孩子受到这样的表扬，下次起床也就容易多了。

小猴脏兮兮

讲卫生，病菌少

"为什么要洗澡呢？不要嘛！"

"我的手不脏，我不要洗！"讲卫生，这件在成人眼里再正常不过的一件事儿，可对于很多孩子来说，简直是一场"灾难"！于是经常听到一些妈妈们抱怨："要孩子学会讲卫生，简直要把全家人的精力都榨干了！"

【妈妈讲一讲】
小猴脏兮兮

在动物村的猴子家里。

猴妈妈说："儿子，来洗脸。"

"不，我讨厌洗脸。"小猴说。

不喜欢洗脸的小猴背着书包去上学，路上碰到小伙伴。

"小脏猴，今天你又没洗脸吧？"小兔子蹦蹦跳跳地跑过来对小猴说。

"我就喜欢脏脏的，洗脸多麻烦呀，我才不洗呢。"小猴说。

"小猴小猴，你今天又没刷牙吧？"小羊也跑过来说。

"没有，你看！"小猴张开嘴，呀，牙齿好黄。

大家玩闹着到了学校，进入教室。

"同学们，今天给大家调换下座位。"老虎老师说，"小猴，你和小猫坐一起。"

"不要！不要！"特别爱干净的小猫急得说道。

"为什么呀？"老虎老师问。

"小猴实在是太脏了，身上老是有一股臭味，我才不要和他当同桌呢！"

小猴听了心里很难过，因为啊，他有点喜欢小猫。

"如果我干干净净的，你愿意和我做同桌吗？"小猴小声地问。

"好吧，不过你明天要是还这么脏，我就不和你坐一起了。"小猫说。

为了和美丽的小猫当同桌，小猴一回到家，就跑去洗澡。

回家后，小猴很仔细地搓来擦去，不停地洗啊洗，连猴妈妈都惊讶地说："这孩子，怎么突然爱干净了？"

第二天，小猴早早地起了床。刷牙刷得认认真真，洗脸洗得仔仔细细，然后吃完饭，开开心心地去上学了。

到了学校，小猫看到小猴全身上下都干干净净的，高兴地说："很好，你知道讲卫生了。我愿意继续和你坐在一起。"小猴听到这句话，心里乐滋滋的。

但是这几天，小鸭他们都不来找小猴玩了。

小猴找到小鸭，问它："你们干吗不来找我玩儿？"

小鸭回答说："你现在干干净净的，看起来真别扭。"

"可我喜欢上干净了呀，而且不生病菌。"小猴说。

【妈妈点一点】

讲卫生后的小猴发现，干净真的好舒服。可是他的好朋友们想要和不讲卫生的小猴玩。如果你是小猴，你会怎么办呢？动动你的小脑袋，帮小猴想个好办法吧！

【妈妈有办法】

怎样才能让孩子养成讲卫生的好习惯

孩子的抵抗力都比较差，很容易感染疾病。作为家长，一定要教孩子注意个人卫生，让孩子从小养成良好的卫生习惯。

方
法

1. 学会"表演"给孩子看。比如，你可以把不讲卫生的后果"表演"出来，饭前没洗手导致肚子疼，没好好刷牙导致牙齿痛等。

2. 制订具体的卫生规则。要求孩子饭前必须洗手，饭后一定要漱口，吃水果前一定要清洗干净等。一旦给孩子定好规矩，就得监督孩子遵守，孩子慢慢地就会养成好习惯。

3. 不强迫孩子讲卫生。让孩子意识到讲卫生的重要性，并在这个过程中找到乐趣。切忌强迫孩子，否则很容易造成逆反心理。

【互动小贴士】

和孩子一起制作讲卫生小红花榜，上面的项目包括：认真洗脸，自觉刷牙，饭前洗手，便后洗手，洗脚等。只要孩子认真地做了，就在下面画一朵小红花，对孩子进行奖励。小红花积累到一定数量，就去满足孩子的一个小心愿等。

露水萝卜

不挑食，体康健

"生活条件越来越好，孩子却越来越爱挑食！"

父母每每凑在一起聊天时，就会为孩子不好好吃饭而发愁，甚至有父母说："我们家孩子吃饭就跟吃药一样痛苦。再怎么变着花样做饭，他都是只吃几口，能把人气死！"

有的孩子喜欢吃饭不吃菜，有的孩子吃菜不吃饭，还有的孩子什么饭都激不起他的兴趣。由于挑食导致的营养不良，还真是让父母头疼。

【妈妈讲一讲】
露水萝卜

开饭了，小猪看了一眼饭菜，这也不喜欢吃，那也不喜欢吃。

猪妈妈问："吃菠菜好吗？"

小猪说："不要。"

猪妈妈问："南瓜呢？"

小猪说："不要。"

妈妈又问："那吃黄瓜吧？"

小猪说："才不喜欢吃呢。"

猪爸爸问："露水萝卜喜欢吃吗？"

咦，什么是露水萝卜呀？小猪可从来没见过，也没听说过。他赶紧说："我想吃吃露水萝卜。"

猪爸爸说："露水萝卜要到菜地里去吃。"

"好呀！好呀！"小猪高兴地说。

第二天一大清早，猪爸爸扛着肥料，提着篮子，带着小猪来到菜地里。

小猪说："露水萝卜在哪儿呀？"

猪爸爸说："等一会儿就有露水萝卜了。我们先来给菜松土、施肥吧！"

说完，猪爸爸就开始在菜地里松土、拔草、施肥。

小猪玩着玩着，觉得好无聊，于是他也跟着爸爸去劳动。

当早晨的雾散去时，小猪的肚子也饿得咕咕直叫，他问爸爸："我可以吃露水萝卜了吗？"

猪爸爸打开篮子，篮子里的萝卜沾满了露珠。

小猪拿起露水萝卜大口大口地吃起来。

小猪对爸爸说："露水萝卜可真好吃呀！"

【妈妈点一点】

小猪这也不爱吃，那也不爱吃，可是为什么对露水萝卜感兴趣了呢？哈哈，原来是猪爸爸使了小妙招！你知道他使的是哪种办法吗？

【妈妈有办法】

怎样才能让孩子爱上吃饭

　　孩子不好好吃饭，很让妈妈们头疼，不管你如何引诱吃、逼着吃，都无法彻底解决孩子吃饭的问题。英国营养学家安娜贝尔·卡梅尔对儿童挑食问题的研究发现，有九成儿童有过挑食的阶段。到底怎样才能让孩子不挑食、爱上吃饭呢？

方法

　　1. 父母不要着急。在孩子的吃饭问题上，千万不能操之过急，要以平常心待之。孩子吃多或吃少，不表扬也不批评，这样不会给孩子造成压力，有助于形成正常的饮食习惯。

　　2. 让孩子学会自己吃饭，不要追着喂。经常被喂饭的孩子，更易失去对吃饭的兴趣。同时，还会影响其手部技能的发育。

　　3. 不要因为吃饭问题和孩子谈条件。为了让孩子好好吃饭，你就承诺给他买玩具或带出去玩，这样不但不能一劳永逸地解决问题，还会给孩子吃饭造成消极影响，有些孩子还会用无理要求来要挟你。

【互动小贴士】

　　和孩子一起做饭。让孩子去剥蒜，洗蔬菜、水果，让他们去挤果汁、打鸡蛋、尝味道等。甚至可以给孩子一个小凳子，让他们去翻炒菜。让孩子参与进来，有助于提高他们的进食兴趣。

性格

好性格让孩子更具亲和力

妈妈的陪伴
从讲故事开始

一直捡球的小猪

乐于助人，赢友情

邻居家的孩子充满爱心，她的妈妈是位医生，平时对病人态度温和，经常加班，每当她深夜回到家时，孩子的爸爸都会为她开门，嘘寒问暖，从来没有一句怨言。在妈妈爸爸的影响下，孩子也拥有了一颗仁爱之心。

【妈妈讲一讲】

一直捡球的小猪

有只小猪很喜欢打篮球，可是他跑得太慢了，总是追不上别人。而且，他的球艺也很差。

"哈哈，小猪的球技真差！"小伙伴们每次都会嘲笑他。

小猪生气了吗？不，他可一点儿也不生气，因为他非常喜欢打篮球。

没人把球传给小猪，小猪就跟在别人后面跑来跑去。

有一天动物村成立篮球队，小猪也去报名。

红队挑了 5 名队员，绿队挑了 5 名队员，可是哪个队也没有挑小猪。

"我能加入哪个队呢？"小猪着急地问。

"现在队已满，你暂时做个候补队员！嘻嘻！"小猴说。

"那，我能上场打球吗？"小猪问。

"当然啦，只要哪个队一缺人，你就可以来打啦！"小猴说。

"噢，太好啦！"小猪听了很高兴。

训练开始了，大家把一大堆衣服交给小猪看管。

小猪把衣服一件件整理好，抱在怀里。有时候，球被扔到界外很远的地方，没人愿意去捡，就喊："小猪，帮忙把球捡回来！"小猪马上就跑去捡球。

小猪每次捡球时会跑得飞快，因为他不想耽误大家打球。

日子就这样一天天过去了，大伙儿的球技越来越好，小猪捡球的本领越来越高。

这天正式比赛，小猪早早地来到球场，他想再练练捡球的本领。

小猪一下把球投出了场地外，说道："这是小狗打的球。"

"——嗵！"他追上球又说："球捡回来啦！"

"——嗵！"他又一下子把球投入篮，说："这是野猫投的球！"

"——嗵！"小猪继续边扔边自言自语："球又拾回来啦！"

投呀，捡呀，他把什么都忘记了，

没一会儿，小伙伴们都来了。他们一看，哇，小猪捡球的本领还真高呀！

"小猪，你能把球投到篮里吗？"小猴问。

"我试试吧！"小猪说完，拍着球，然后跳起，球进了篮。

"哈，真是个天才的篮球队员呀！"大伙儿说。

"哎，加入我们队吧！"

"还是来我们队好！"

大伙儿七嘴八舌地说。

"噢，我还得捡球呢！"小猪有些为难地说。

"哎，我们一起捡球就是啦！"小猴说。

"那，我该归哪个队呢？"小猪问。

"嘻嘻，好办，好办。上半场你打红队，下半场你打绿队！"小猴想了个好办法。

"哈哈，行呀行呀！"小猪开心地说。

小猪虽然被安排看管衣物和捡球，可是小猪一点儿也不生气。如果你是小猪，会怎么做呢？每天捡球的小猪，你觉得他快不快乐？你看，他不但很快乐，还捡着捡着，成了高手，大家都喜欢他、佩服他。

【妈妈有办法】
怎样才能让孩子变得乐于助人

"赠人玫瑰，手有余香"。乐于助人，会让孩子拥有良好的人际关系。

方法

1.培养孩子美好的情感。引导孩子关心和热爱自己的家人，关照身边的人，培养孩子的同情心。

2.帮助孩子及时做出助人的决定。引导孩子回忆自己经历过的类似情景和感受，让孩子设身处地想一想，自己遇到困难时，心里是什么想法，是否很想得到别人的帮助。

3.教孩子采取恰当的助人行动。虽然孩子有心帮助他人，但能力不足，这时就要告诉孩子，当自己能力有限的时候，要学会拒绝。

【互动小贴士】

　　帮助孩子把家里的旧玩具收集起来，和周围的小朋友进行赠送，或者交换。家人生病时，也可以试着让孩子送水、喂药，帮大人做一些力所能及的事情。

大象去买鞋

一根筋，难成事

"妈妈，我要吃棒棒糖！"

"你刚才不是吃过了吗？吃多了牙会疼的。"

"我就要，我就要！"孩子跺着脚嚷嚷起来。

"你再闹，小心一根你也别想吃！"

话虽然这么说，但你还是拿出一根棒棒糖给孩子。谁知，孩子却把棒棒糖打落在地，一屁股坐在地上蹬腿大哭起来。

【妈妈讲一讲】
大象去买鞋

在森林里，有一头大象叫固固。

固固最近想上鞋店给自己买一双鞋，因为他的鞋早已穿破了。

固固找来一根树枝，把自己的脚量了又量，然后带上这根树枝出门了。

鞋店好远，固固走了大半天，才来到集市上。

鞋店里顾客好多，鞋也好多。有人的、兔子的、狗的、狮子的……就连大象的鞋也有好多种。

固固看得眼花缭乱，他左挑右选，总算选中了一双结实美观的鞋子。固固准备拿出量好脚尺寸的树枝来量鞋，结果左找右找也没有找到。

这可怎么办？还能怎么办？回去找呗！固固就是这么想的，他也打算这么干。

固固放下手中的鞋，急急地往回跑去，去拿那根量自己脚的树枝。

就这样，固固又花了好长时间跑到家。小狐狸看到固固，问道："固固，你为什么跑得这么急？有什么事儿吗？"

"我回来找量我脚的树枝去买鞋呢！"固固说了他买鞋的事。

"你为什么不用你的脚去试鞋的大小呢？"小狐狸问他。

"那怎么行呀，那根树枝可比我的脚准确多了，那可是我量过的呀！"固固说着跑远了。

"这固固的脑袋还真是个榆木疙瘩，做事简直一根筋！"小狐狸心想。

再说固固，当他拿着树枝又花了好久跑回鞋店时，鞋店却已关门了。

天要黑了，固固盯着自己脚上的破鞋子，沮丧得想大哭一场。

鞋没有买到，空跑几趟。最后，固固只好拿着他的那根树枝，慢慢地回家去了。

【妈妈点一点】

大象固固很固执，做事"一根筋"，也不听小狐狸的劝。结果新鞋没有买到，旧鞋也变得更破烂了，还白白跑了一趟又一趟。不尊重客观实际，却自以为是，真的有些可笑呢。如果你在生活中遇到这样的小朋友，你会怎么劝告他？用什么办法来说服他？

【妈妈有办法】

怎样教育"一根筋"的孩子?

孩子的"一根筋"，并非天生，这是孩子在发育过程中，自我情绪控制不成熟的正常表现。但如果孩子五岁后的行为还是如此，妈妈就得重视了，得及时对孩子进行正确引导。

方法

1. 尊重孩子的意见。对于固执的孩子，妈妈一定要柔和引导，倾听孩子，多听孩子的意见，给予孩子尊重，不要与孩子硬碰硬。只要孩子行事不危及安全、不伤害他人等，就尊重他的选择。

2. 教孩子认清客观事实。孩子"一根筋"起来，显得死板和难以沟通，这时说教不但不能起作用，还会更加激发孩子的"一根筋"行为。用故事的方法或者真实例子引导和教育孩子最合适不过，因为通过这些事例，可以让孩子认清客观事实，并感受"一根筋"和不懂变通带来的不好结果。

3. 不做固执的妈妈。想要让孩子不固执，妈妈就得是个做事不固执的人。妈妈自己重视他人的意见，懂得自我反省，孩子也就不会固执己见。

4. 不要过于迁就孩子。对于固执的孩子，妈妈一要要耐心。当你对孩子的宽容和尊重，都不能使他有所改观时，妈妈就得行使自己的权利，清楚地告诉孩子：你必须这样做。要让孩子感觉到你的坚决，孩子就不会再自以为是、肆意妄为。

【互动小贴士】

当孩子出现"一根筋"时，你可以对孩子进行注意力转移。孩子在家里看动画片，你可以这样说："呀，外面的孩子在玩游戏，可真有趣！我都想去玩。"孩子听了一般都会放弃看动画片而要求你带他下楼玩。孩子玩得不亦乐乎，不愿意吃饭，你可以这样对他说，"刚才桌上的菜对我说：'来吃我吧，来吃我，我最香！'你有听到没有？"这样的话，孩子会感到好奇，便会放下手中的玩具来吃饭。

不合群的兔子水晶

不合群，少人理

孩子上幼儿园了，按理说应该像其他小朋友那样闹腾，但是孩子在班上却显得格格不入：不和其他小朋友交流，也不和其他小朋友一起玩。下课时，一个人坐在角落里不是发呆，就是望着别人。回到家，却像换了个人，十分活泼可爱。为什么会这样呢？难道是孩子在班里很不合群？

【妈妈讲一讲】

不合群的兔子水晶

森林里，有一只雪白的兔子，名字叫水晶。

水晶的红眼珠闪闪发亮，非常漂亮。

大家都很喜欢可爱的水晶，都想和她交朋友。

这天一大清早，小黑狗兴冲冲地去找水晶一起摘果子吃，水晶看了一眼小黑狗的黑脖子，心想：他的脖子那么脏，会不会把我也弄脏了呀？

于是，她对小黑狗说："你自己去摘吧，我才不要和你一起呢。"

听了水晶的话，小黑狗垂头丧气地走开了。

中午，太阳暖暖的，水晶在晒太阳。

小花猫高高兴兴地跑过来找水晶一起去放风筝，水晶半睁着眼瞄了瞄小花猫，心想：小花猫好丑呀，哼，还是不去了。

于是，水晶懒洋洋地说："你去找别人吧，我还想睡一会儿呢。"

听了水晶的话，小花猫失望地走开了。

傍晚，小黄牛来邀请水晶上家里做客，水晶瞄了瞄小黄牛。心想：他的身上有一股味道，家里也肯定脏！我才不去呢。

于是水晶毫不领情地对小黄牛说："我不去你家，你身上有怪味儿！"

最后，小黄牛伤心地离开了。

就这样，第二天、第三天、第四天……水晶连续拒绝了许多热情的伙伴。

没过多久，水晶就只剩孤零零的一个人了，再也没有人上门找她玩了。

【妈妈点一点】

刚开始，小伙伴们喜欢兔子水晶吗？他们的喜欢都表现在哪里？为什么后来水晶变得孤零零的，没人找了？你知道她做了哪些让大家伤心的事了吗？看到没人找的水晶，你来帮她出出主意吧。还有，如果你是水晶，你会怎么做呢？

【妈妈有办法】

怎样培养孩子合群的性格

孩子不喜欢和其他小朋友玩，总是单独活动，显得很不合群。不合群的孩子大致分为两类：一类是不善言谈、性格孤僻、害怕与陌生人交流；另一类则是容易哭闹、喜欢捣乱、总是惹是生非。到底怎样才能培养孩子合群的性格呢？

方法

1. 经常亲近孩子。不管有多忙，最好挤出时间多陪陪孩子，并多带孩子与小伙伴一起玩耍。只有多和人交往，孩子才能变得活泼起来。

2. 有意识地训练孩子的交际能力。孩子有时在学校里被人嘲笑和冷落，一定不要教孩子攻击对方，或者独自游戏。你可以通过角色扮演的方式，教孩子处理相关情况。比如孩子之间发生争执时，你可以这样教孩子处理：A.你刚才……（拿了我的东西，对我大喊大叫了等）。B.我觉得……（气愤，难过等）C.你能……（把我的东西还给我，向我道歉等）。这样做，既没有指责对方，还阐明了自己的想法，并给出了解决矛盾的方法。

3. 培养孩子的合作能力。分派给孩子一些不易完成的任务，并建议和鼓励孩子与别的孩子合作完成，这样能增加孩子与其他孩子交往的机会。同时还能让孩子明白，一个人的力量有限，只有和大家合作，才能和把事情做好。

4.鼓励孩子参加各种体育活动。鼓励孩子多多参加各种体育活动，这样不但能增强孩子的身体素质，还能提高他的交际能力。孩子一旦爱上体育，就会在活动中自己去寻找对手。寻找的过程，就是一种交际，往往找到合适的对手，对手也会变成好朋友。

【互动小贴士】

家里需要买的小件物品，可以让孩子去购买。年龄较小的孩子，比如八九岁的，可以让他们去买油盐酱醋；年纪稍大的孩子，十四五岁的，可以让他们去买菜。商品交易是人际交往中的一种特例。在交易中，孩子可以接触到各种各样的人，有利于丰富交际对象和加深对人的了解认识，从而提高自己的交际能力。

小白马很骄傲

不骄傲，明事理

孩子不仅成绩优秀，还能歌善舞，可以说发展很全面。在学校，受老师喜欢；在家里，被妈妈宠爱有加。渐渐地，孩子越来越自命不凡，变得狂妄自大，总觉得自己了不起。你一说别人家的孩子好，他就很不服气，说人家坏话，习惯性地嘲笑甚至污蔑别人。

【妈妈讲一讲】
▶ 小白马很骄傲

森林里有一匹小白马，长得好漂亮，跑也得快。

可是啊，这匹小白马特别骄傲自大，其他小动物们都不喜欢和他玩。

有一天，小白马在一条小道上散步。这时，他的对面来了一只小羊。

"快走开，你这只光会咩咩叫的羊！别挡我的道儿！"小白马对着小羊趾高气扬地叫道。

小羊瞧了瞧小白马，什么也不说，自己走开了。

"我才看不起这些跑得慢的笨羊呢！"小白马一边说一边继续散步。

这天啊，小白马听说小白兔跑得很快，他就很想和小白兔比试比试。

小白马跑到小白兔家门口，叫道："小兔子，你赶紧给我出来！听说你跑得很快，我才不信呢，今天我就要和你比一比！"

小白兔听了，放下手中的红萝卜，和小白马比起赛跑。

结果可想而知，小白兔输了，他怎么可能是马的对手呢？

这下，小白马更觉得自己了不起了，也更看不起其他小动物了。

小白马的自大使得其他动物离他越来越远，没有人想和他交朋友。

小狗听说了小白马的骄傲自大，于是，他跑去对小白马说："你敢和我在水里比一比吗？看我们谁更厉害！"

"哼，你个小狗算什么呀，也敢向我挑战？看我不打败你！"小白马说。

比赛开始了。

一开始，河水还浅，只到小白马的半腿上，他跑在前面，而小狗呢，因为身子矮，所以在水里慢慢地游着，看起来一点也不着急。

小白马回头看看小狗，心里想："哼，即使在水里，你也跑不过我。"

可是跑着跑着，小白马慢了下来。你知道是为什么吗？

因为呀，水越来越深，小白马虽然在陆地上跑得飞快，可是在水里，他游起来可不那么快。

再瞧瞧小狗，他的身子轻，又经常在水里游泳，所以他游得很轻松。

小白马游着游着，觉得自己的腿快要累死了，他不得不一边撑着，一边向小狗求救。

小狗呢，慢慢地拉着小白马，把他带到了岸边。

从此后，小白马再也不敢看不起别的伙伴了。

【妈妈点一点】

为什么小动物都不喜欢和骄傲的小白马玩呢？如果是你，你会想和这匹小白马做朋友吗？听听他说话的语气，是不是很令人不舒服？尤其是自大的行为，是不是让人反感？是谁让这匹骄傲的小白马吃了些苦头？他最后的收获是什么呢？

【妈妈有办法】
怎样让孩子不骄傲自大

骄傲是个"危险"的信号，孩子的这种情绪的产生，主要是对自身没有一个清晰的认知，而高估了自己。目中无人的孩子，往往和别人隔着一道无形的"城墙"，对孩子的发展很不利。想要改变孩子的这一问题，你不妨试着这样做。

方法

1. 改变表扬方式。表扬孩子需要正确的方式，不能太过宽泛，更不能夸大事实。不恰当的表扬，很容易让孩子滋生骄傲心态，看不起别人。

2. 培养孩子谦虚的品质，学会包容万物。当孩子骄傲时，要告诉他什么是"满招损，谦受益"，告诉他古今中外凡是有所作为的人，都是在取得成绩后仍能保持谦虚奋进的人。

3. 对孩子进行适当的挫折教育。适当的时候，让他们吃点苦头，再给予正确的引导，过于顺利的环境也不利于孩子的成长。

4. 不给孩子特殊待遇。平时不能过于溺爱孩子，在家庭中，把他当作普通的一员，让他承担相应的责任与义务。

【互动小贴士】

和孩子一起玩涂鸦，试着改变赞扬方式。"你真棒""真是个好孩子"，不要说这种没有任何实际意义的话。你可以换个方式说："你刚才画小鸡的时候，还给小鸡画了要吃的虫子，即使画很有难度，但是你都没有放弃，一直在坚持画。"这样的话能对孩子产生共鸣，而且他也更加确定自己什么地方做得好，更有利于培养孩子谦虚的品质。

快乐起舞的叶子

快乐感性，做最好的自己

朋友的孩子是个快乐包容的孩子，和小伙伴们玩时，遇到很自我的孩子，他就会让他们先玩。朋友平时会对孩子说："人没有完美的，发扬自己的优点就可以了。"所以，这个孩子遇到别人对他不够友好时，也从不抱怨。当孩子拒绝练钢琴时，朋友就会用郎朗等人激励孩子："要弹好琴，就得天天练。"孩子也同意这个观点。

【妈妈讲一讲】

快乐起舞的叶子

在一个小洞里，住着一群可爱的小蚂蚁，他们每天都在一起劳动、游戏。

这天，小蚂蚁胡胡在一块石头下发现了一片神奇的叶子。

这片叶子呀，只要你对它笑，它就会起舞。尤其是当你把快乐的事情告诉它时，它就会把快乐收进它的身体里，真是太神奇了！

小蚂蚁豆豆跑了过来，对着叶子说："我呀，今天往洞里搬了一小块面包，那可是一块很软的面包呢。我的心里，可真快乐。"

小蚂蚁青青也跑过来，对着起舞的叶子说："我今天在西瓜皮上滑了溜溜板，还给好朋友带了一些西瓜汁，我的心里呀，可真快乐。"

小蚂蚁毛毛跑了过来，对着叶子说："妈妈病了，我照顾了妈妈，妈妈说我是懂事的好孩子，我的心里呀，可真快乐。"

小蚂蚁跳跳走了过来，对着叶子说："昨天帮奶奶推了好多饼干块，我的心里呀，真快乐。"

就连最小的蚂蚁妹妹也跑来了，她对着叶子不好意思地说："我，我昨天摔了一跤没有哭，姐姐说我变得勇敢了，我的心里呀，可真快乐。"

听了蚂蚁妹妹的话，大家都哈哈地笑了起来。这么多快乐钻进了叶子里，叶子跳舞跳得更欢快了。

小蚂蚁们的日子一天天地过去了，他们相亲相爱地生活在一起。

然而有一天下了场大雨，雨水淹没了小蚂蚁们的家。

很多蚂蚁都被淹死了，他们的家也没了。

小蚂蚁们好难过，他们伤心地大哭起来。

这时，小蚂蚁胡胡忽然想起一样东西，就是那片收藏快乐的叶子！

他飞快地取出那片快乐的叶子，把它舒展开来。

于是，奇怪的事情发生了，小伙伴们一下子想起了以前许许多多的事情，脸上慢慢地露出了笑容。

"大家别难过了，以前我们的生活多么快乐，现在我们一起寻找新的洞做新家，我们还会和以前一样生活得快快乐乐。"小蚂蚁胡胡说。

"是呀，是呀！"小伙伴们一齐答应，他们马上行动起来。

没几天，新洞找好了，家也打理好了。小蚂蚁们又开始储藏食物了。

知道吗，现在，这些可爱的小蚂蚁还幸福地生活在一起，那个快乐的叶子还在他们的洞口起舞呢，因为小蚂蚁每天都有快乐的事情对它讲！

【妈妈点一点】

快乐叶子是谁发现的呢？这些快乐的小蚂蚁中都有谁呢？他们都因为什么而快乐？看着他们快乐的模样，你是不是也感觉到了快乐？快乐是会感染的，如果你是个快乐的小孩，相信你的小伙伴们一定都会愿意跟你做朋友。你瞧，一个快乐的人，即使遇到挫折，也没什么好怕的。看看这些小蚂蚁们，他们一起找洞，一起收拾家，一起寻找食物，又像以前那样快快乐乐的了。

【妈妈有办法】

怎样培养快乐的孩子

家庭的氛围对孩子的影响要大过于学校和社会，因为它是孩子成长最初的港湾。家庭氛围是和谐、充满欢乐的，那么孩子就是快乐的；如果家人总是吵闹个不休，孩子也很难成长为快乐的孩子。

方法

1. 鼓励孩子与人交往。友谊对孩子的影响很大，孩子会因为交了好朋友，而变得快乐起来。多让孩子跟小朋友互动、玩耍，而不要总是把他关在家里。

2. 给孩子做主的权利。不要凡事都替孩子做主，尊重孩子的想法，可以放手让孩子去做，当孩子把一件事做得很好时，他就会获得成就感和快乐。

3. 引导孩子调整心理状态。当孩子遇到挫折，表现得很痛苦和伤心时，妈妈一定要及时引导孩子，教孩子迅速调整心理状态，这样有助于孩子快速恢复乐观，而不是一直沉浸在消极情绪里。

【互动小贴士】

向孩子传达爱。孩子受委屈了，拥抱下孩子，在孩子的额头上轻吻；制作专门的小信箱，给孩子写爱的纸条，包括鼓励孩子的、安慰孩子的、指出孩子问题的，都可以放里面。虽然这些都是小事情，但功效神奇，请多与孩子进行这些爱的互动。

大胆歌

受气包，学自卫

孩子出门不愿意跟人打招呼，总是扭扭捏捏地躲在你的身后。于是你开始带孩子去公园散步，跟邻居的孩子玩游戏。慢慢地，孩子的胆子越来越大，学会了主动邀请小朋友一起玩，还学会了分享东西。

【妈妈讲一讲】

大胆歌

在一处农场里，有一只小鸡，胆子特别特别地小。别的伙伴打个喷嚏，他都会吓得尖叫一声，然后躲起来。

你瞧，老黄牛"哞"地叫了一声，小鸡就被吓得躲到草垛后，浑身发抖。

鸡妈妈赶紧跑过来，把小鸡搂在怀里。

"妈、妈，我真害怕……怎样才能让我变大胆呢？"小鸡问。

"嗯，还真得要想个好办法才行……"鸡妈妈说着突然用翅膀拍了拍小鸡的头顶，还一边大叫道："咯咯咯、咯咯咯！"

"怎么样，好没好？"

呀，还真是怪，经妈妈这么拍打和大叫，小鸡竟然不发抖了，也忘了害怕。

"原来这样就可以让胆子大起来呀！"小鸡高兴地跳了起来。

小鸡跑到草丛里，捉虫子吃。

"嗵"一声，不知谁扔来一颗石子，把小鸡吓了一跳。

"哇哇……"谁在哭呀？小鸡回头一看，原来是小鸭子被突如其来的石子吓得哭。

"咯咯咯、咯咯咯！"小鸡赶紧跑过去，用自己的翅膀拍打着小鸭的头顶，还一边大声叫。

"叽叽，你这是干什么呀？"小鸭一面晃着脑袋一面问。

"这下你还害怕吗？"小鸡说。

"咦，我怎么一点也不发抖了？"小鸭高兴地谢过小鸡，便回家去了。

这天，小鸭和小兔一起玩。农场不远的栅栏突然"砰"的一声倒下了，小兔吓得趴在地上，身体抖得像筛子一样。

"咯咯咯、咯咯咯！"小鸭想起了小鸡的方法，拍打着小兔的头顶。

"你干吗要打我的头呀？"小兔生气了，他也跳起来去拍打小鸭的头顶，还一边大喊。

瞧，他们转着圈子争着打起彼此的脑袋来。

"咯咯咯、咯咯咯！"

"咯咯咯、咯咯咯！"

"算了，算了，我不打你的头了。"最后小兔停下了手。

"我这是让你变得大胆的好办法呀。你瞧，你现在可没有发抖。"小鸭笑着说。

"啊，还真是呀！"小兔高兴得不得了。

小兔跑回家，把胆子变大的方法告诉了妈妈，妈妈说："看来你现在变成兔大胆了。"

你听，现在，三个小伙伴正在快乐地唱着"大胆歌"：

"咯咯咯、咯咯咯，

我们大胆了，大胆了。

什么也别想让我们发抖，

我们胆大了，胆大了……"

【妈妈点一点】

鸡妈妈是用什么办法让小鸡不再害怕了呢？小鸡又把妈妈的办法用在了谁的身上？你平时都害怕哪些事儿呢？害怕时你会是哪些反应呢？有没有想过让自己不再害怕的方法？来，我们一起唱"大胆歌"吧，给自己打打气。

【妈妈有办法】

怎样才能让孩子不再胆小

幼小的孩子大都怕两种东西：一是突然的声响，二是身体失去平衡摔倒。想要让孩子变得大胆，正面教育极为重要。

方法

1. 给孩子选择勇敢的玩伴。孩子和胆子大、勇敢的孩子玩，他就会仿效伙伴的行为，继而变得大胆，有勇气。

2. 不强迫孩子做自己不愿做的事。如果孩子不愿意做某件事，千万不要逼迫孩子，否则他会因为你的强迫慢慢变得无助和胆小起来。

3. 给予孩子安全感并肯定孩子。当孩子在玩耍时，有害怕或者不敢去做时，一定不要说出诸如"胆小鬼""这个你也怕"此类的话，你需要做的是发现并肯定孩子身上的"闪光点"，一点点引导孩子变得胆大起来。

【互动小贴士】

如果孩子说话声音小，你可以带孩子去爬山或郊游，面对高山、田野，和孩子尽情地大喊大叫，让孩子明白，原来他也可以做到。要多跟孩子说："你能行，你可以！"慢慢地，孩子就会勇气大增，会觉得自己真的能行。

勤奋

勤奋让孩子更加自信

妈妈的陪伴
从讲故事开始

唱歌的破锣嗓女孩

接纳自己，不放弃

　　有位老师在班里做了项调查，让孩子分别写出自己的优点和缺点，但结果让她很意外，很多孩子写的都是自己的缺点，优点却写得极少。孩子为什么这么不自信？是因为孩子在家长的高要求和批评下，只能看到自己的缺点，却忘却了自己的优点。

【妈妈讲一讲】
▼ 唱歌的破锣嗓女孩

　　有一个快乐的女孩，她的名字叫小丫。

　　小丫非常喜欢唱歌，她每天都会练习唱歌。

　　可是呀，小丫有个大问题，就是她的嗓子。

　　每次小丫参加歌唱比赛时，评审员一听到她唱歌，就会大叫道："停！"

　　"天啊！"歌唱家一世说，"这个破锣嗓子怎么还敢来这里！"

　　著名的歌唱家二世说："简直太难听了！"

　　还有歌唱评论家也捂着耳朵直摇头。

　　小丫还想继续唱，评审们就说："回去吧。你这副嗓子，永远唱不好！"

　　小丫很难过，难过了好久好久。她想："或许他们说得对，我的嗓子真的不适合唱歌。"

于是，小丫不再唱歌了。既然不再唱歌，也当不了歌唱家，那去找点别的事儿做吧。

最后小丫在咖啡店找到了一份工作。

咖啡店的老板和咖啡店里的客人都喜欢小丫，因为小丫总是充满快乐，而且热心。

小丫喜欢咖啡店老板和咖啡店里的客人，不过她还是忘不了唱歌。

有一天，有个乐团来咖啡店表演。在咖啡店开门营业前，他们先练了一首轻快的曲子。

小丫忍不住了，她合着曲子开始唱。

接着，她又合着乐团的曲子唱别的歌，不知不觉中……小丫唱得越来越大声！

于是一天天过去，小丫每天都会随着这个乐团的音乐唱歌。

有一天，咖啡店老板问小丫愿不愿意唱歌给客人听。小丫微笑着回答："噢，当然好啊！"

咖啡店里的客人都很喜欢她的歌声。于是这个传那个，那个传这个，很多人都来到咖啡店听小丫唱歌。

中央音乐团的指挥听说了这件事，于是他也去了。听到小丫的歌声，他很惊讶，他好感动。虽然小丫的嗓子不是最好的，可是她的歌声里充满感情。

"你一定要来中央音乐团演唱！"他激动地说，"请你答应我！"

小丫笑着回答："噢，当然好啊！"咖啡店的客人都鼓掌欢呼起来。

就这样，小丫到了中央音乐团。她好喜欢唱歌！

评委们大喊："太好听了！触动人心！"

他们全神贯注地听她唱歌，完全没有注意到她的嗓子有多沙。

小丫快乐极了。因为她可以唱歌，唱歌，一直唱歌……

【妈妈点一点】

其实，小丫的粗嗓门并不妨碍她唱歌。为了唱歌，她努力练习，挖掘自己的潜力，唱出另一种美感。所以问题不是她的嗓子，而是别人的歧视。但是小丫对于歌唱的热爱，对梦想的坚持，最终让她取得了成功。

【妈妈有办法】

怎样才能让孩子接纳自己的不完美

如何让孩子接纳自己的不完美呢，你不妨从以下方面着手：

方法

1. 接受孩子的小瑕疵。你对孩子的期望越高，孩子越不易接受自己的缺点。比如孩子考了99分，你不鼓励孩子，却问他"那1分是怎么丢的"。这很容易打击孩子的自信心，会认为自己处处不如人。

2. 对孩子的过失要学会宽容和谅解。当孩子出现错误时，一定心平气和地讲道理，分析孩子的过失，找出解决问题的办法，而不是一味地苛责孩子。

3. 接受和尊重孩子的个性。尊重孩子的个性，因材施教，才能让孩子从心底接受自己的个性，从而更加健康快乐地成长。

【互动小贴士】

　　和孩子一起制作"赞赏表"。只要孩子有值得赞赏的行为，就给孩子在上面贴上一朵小红花，或画一张笑脸。为了能让孩子继续好的行为，可以在小红花或笑脸旁边注明孩子做了什么事，让你觉得很开心和赞赏。比如"我很高兴你今天吃过晚饭去主动收拾饭桌"等。

小猴子亲月亮

进取心，梦成真

　　孩子学骑车，一开始连车都推不稳，于是你鼓励他从推车开始练习。慢慢地，他推得越来越好。孩子要开始学骑车了，他怕摔倒，你对他说："学骑车哪有不摔跤的？不摔跤哪能学会骑车，我当时学骑车，不知摔过多少次呢！"于是你又帮着孩子去骑车，他一次又一次地摔倒，一次又一次地爬起。终于有一天，孩子学会了骑车。

　　当孩子在学习上遇到困难，你就拿学骑车这件事鼓励他、开导他，做什么事都要有信心，从易到难，循序渐进，最后总能解决一切困难。题做错了？没关系，重新再来。只要有信心，有恒心，没有过不去的关口，于是孩子的进取心也会越来越强。

【妈妈讲一讲】
小猴子亲月亮

　　小猴子毛毛有个非常特别的愿望，那就是想要摸一摸月亮。

　　"你的想法真奇怪，这是根本不可能的嘛！"小伙伴对他说。

　　"只要努力，也很可能成真呀！"毛毛相信自己的愿望一定会实现。

　　怎样才能达成自己的所愿呢？毛毛想了又想。

　　"嗯，我得先去找小精灵，问问他通向月亮的路。"毛毛对自己说。

在一个晚上，毛毛找到了小精灵，小精灵告诉了毛毛通往月亮的路。

现在，毛毛要出发了，同他一起上路的还有小兔朵朵。

他们蹚过小河，小河为他们鼓掌。

他们爬过大山，大山为他们送上祝福。

就连小草小花们也摇曳着身子说："相信自己，你能行！"

过了好多个日日夜夜，毛毛还是没有找到小精灵所说的那棵通往月亮的参天大树。

"毛毛，我们放弃吧！"朵朵沮丧地说。

"可不能半途而废呀！我可不能白背了这一大麻袋的东西。坚持住呀！"

毛毛背着他的大麻袋继续往山上爬去。

就在一天深夜，终于找到了那棵大树。

毛毛和朵朵爬上树，原来啊，有一根树枝通向了云层，它就是去往月亮家的路。

他们爬啊爬啊，又被一块云挡住了去路。

毛毛真是好聪明，眼看着月亮离得不远，他甩着绳子抛向月亮，拉呀拉呀。

可是月亮就是不动，怎么也拉不下来。

怎么办呢？毛毛又开始动脑筋了。

"我要把月亮馋下来！"毛毛眉开眼笑地说。

毛毛把面包、五彩的糖果向月亮抛去。

你瞧，月亮高兴得张开嘴，"啊呜"一口，吃掉了。

朵朵看得高兴了，她也拿出面包和糖果抛向月亮，月亮眉开眼笑，张口就吞了去。

毛毛和朵朵不停地扔向月亮，月亮不停地张着嘴巴吃。

就这样，月亮撑着肚皮慢慢沉了下来。

"啵！"小猴子毛毛终于亲到月亮了！"啵！"就连朵朵也亲到了月亮。

他们大声地笑，笑声飘荡在夜空里。

【妈妈点一点】

你知道小猴子毛毛有着什么样的愿望呢？为了实现这个愿望，他是怎样去做的呢？看到他为了愿望而去坚持时，你一定会替他高兴吧。你瞧，毛毛最后总算亲到了月亮，就连陪伴他的朋友朵朵也亲到了呢，你能体会到他们的心情吗？是的，凡事都要坚持，只要努力去争取，你也一定会像毛毛那样，实现自己的愿望的。

【妈妈有办法】

怎样培养孩子的进取心

当一个孩子有了上进心，那他就会有了力争上游的决心与欲望。海伦·凯勒曾说过："当一个人感觉到有高飞的冲动时，他将再也不会满足于在地上爬。"而孩子的进取心，主要是在童年和青少年时期培养起来的。

方法

1. 培养孩子的意志力。许多孩子做事总是半途而废，缺乏意志和耐性，这对于孩子的未来很不利。当孩子遇到困难时，不要去帮助他，你只需要鼓励他，让他继续坚持，让他体会挫折带来的不愉快，直到努力争取成功，获得成就感。

2. 培养孩子的独立性。孩子想要得到某件东西时，就鼓励孩子自己去争取，切忌直接给予。当孩子通过自己的努力和辛苦得到某件东西时，他才能知道其中的艰辛，才会养成进取心。

3. 限制孩子看电视和玩电脑游戏的时间。这类活动很容易让孩子注意力变差，所以要严格地限制时间，同时鼓励孩子去做些其他动脑的活动或游戏。

4. 扩展孩子的视野。当发现了孩子的爱好，你就要提供各种机会，鼓励孩子去做他喜欢的事，并进一步提高孩子的兴趣，从而激发他的进取心。

【互动小贴士】

当别人的面，多多表扬和夸奖孩子。比如可以这样说："我儿子能力非常强！有责任心，有爱心！""我孩子坚持得很好，他很有毅力！"当众表扬孩子，目的就是让孩子感觉你在肯定他，并为他的表现而感到高兴。

小猪可真懒

保持活力，不懒散

最近你发现，孩子好像越来越懒散，不管做什么事情，做到一半就不想做了，稍遇到点困难，就直接放弃。生活上拖沓，学习上不动脑筋，即使完成了一些事，也是抱着糊弄了事的心思。不管你如何鼓励或批评，他还是一副我行我素的模样。孩子如此没活力，你该怎么办呢？

【妈妈讲一讲】

▶ 小猪可真懒

小猪跟着妈妈上奶奶家，走着走着，他就卧倒在地，不想走了。

小猪躺在地上，晒着太阳，觉得好舒服呀。

"快起来，外婆还等着我们呢。"妈妈说。

小猪把头一扭，"我现在不想起来！"

"赶紧起来，不然会晚的。"

"我不要起来！"

"乖，赶紧的。"

"不要，我就要躺在这儿！"

不管妈妈如何催促，小猪就是不肯起来，他觉得这样躺在地上最舒服。

"再不起来，等会儿老鼠就会爬到你身上的！"

小猪根本不想起来，他只想就那样躺着。

"就让老鼠把我搬走吧。"

小猪耍赖的行为，让妈妈很生气。

这时，几队老鼠跑了过来，真的把小猪抬了起来。

"你们要把我抬到哪里去？"小猪问。

"当然是抬到我们的洞里。"老鼠说。

"是和我刚扔掉的苹果放在一起吗？"小猪问。

"是呀。"

小老鼠们吭哧吭哧地抬着小猪，小猪觉得很好玩。

"我扔的苹果还在吗？"

"你问这个干吗？"

"我肚子饿了，想吃。"

"我们捡到的，就归我们了，不能给你吃！"

"哦，那，好吧……你们把我抬到洞里准备做什么呢？"

"吃你啊。"

"不行！不能吃我……我可不好吃！"

"我们的妈妈说了，不听话的孩子最好吃了，肉特别香。刚才我们可看到了，你一点也不乖。"

"不要！不要！我现在想变乖，我现在就想起来！"小猪一翻身爬起来，"妈妈！妈妈！"

不管小猪怎么叫，他已经被抬到老鼠洞里了，洞里有好多吃的，肚子饿得咕咕叫的小猪顾不上填饱肚子，转身就跑。天呀，出口在哪里呢？

"宝贝，你在哪里呀？"小猪忽然听到了妈妈焦急的声音。

"妈妈，我在这里！我在这里呀！"小猪大喊，"我被老鼠搬到洞里了，出不去了！"

"听妈妈说，你要向有光的地方跑！"

小猪听了，眼睛四处乱瞅，总算看到了一处地方有光透进来。太好了，那儿一定是出口！

"呜——呜——"小猪刚一爬出老鼠洞，就听到妈妈在哭。

"妈妈！我爬上来了——"

"好吧，我们赶紧去外婆家吧，外婆还等着我们呢！"

"好！"

小猪干干脆脆地回答，跟着妈妈一溜烟儿地跑向外婆家了。

【妈妈点一点】

小猪懒洋洋，躺在地上不想起身，结果被老鼠搬走了。你知道老鼠为什么要搬走小猪吗？哦，是的，小猪实在太懒了，他躺地上想让自己轻松些、舒服些。要不是老鼠要吃掉他，他到现在还没起来呢！所以啊，下次如果有小朋友也躺在地上不想动，你一定要告诉他："老鼠会来搬走你哦！"

【妈妈有办法】

怎样才能让孩子不懒散

每个人都会有与生俱来的惰性心理，这种惰性心理会表现在生活的各个方面。孩子也不例外，他们也会因为惰性，做事拖拉，不愿学习，遇事犹豫不决……如何才能帮助孩子克服惰性心理呢？你不妨采用以下方法：

方法

1. 帮助孩子设立目标。给孩子设立具体的目标，让他忙起来。据研究表明，忙碌的人比懒惰的人更快乐。目标不能设得太高，根据孩子的情况，先设置一部分，让孩子一点点去完成。孩子完成后，获得了成就感时，你再进一步设置目标。当孩子在为目标努力时，一定要给予表扬和鼓励。

2. 培养孩子的责任感。平时多给孩子分派一些家务，让孩子去负责。孩子一旦有了责任感，也会因为压力而产生动力，慢慢地他就会改掉懒散的习惯。

3. 制订学习计划并严格执行。根据孩子的实际情况，妈妈与孩子一起商量制订学习和生活计划，督促孩子严格按照计划做事。这种按计划行事的方法，时间久了，孩子就会从懒散变得有行动力。

4. 让孩子承担懒散的后果。孩子常常因为懒散被批评，但如果只停留在批评上而不去让他承担后果，下次，孩子还是照行不误。一旦孩子承担后果，受了教训，他才会去反省，才会去改进。

【互动小贴士】

和孩子一起制订学习计划表，把每天要做的任务列出来，按时间进行分配，完成哪项作业需要多长时间，中间需要休息多少分钟。如果孩子提前完成，质量也有保证，就给孩子奖励几颗星，星星达到一定的数量，可以满足孩子一个小愿望等。一周后，可以让孩子自己进行对比，看自己的进步程度，并重新给孩子设定时间。

喜欢书的小怪物

多看书，知识广

孩子不爱看书，不管你怎样鼓励他，看着看着，书就被他扔到一边。你耐着性子给他读，可是他听着听着，就跑去玩别的了。你生气，又没办法，只能羡慕别人家那些喜欢看书的孩子，感叹自己的孩子为什么就看不进去书。

【妈妈讲一讲】
喜欢书的小怪物

有一天夜里，三个小怪物放下书，准备去看看学者的房子盖得怎么样了。

到了学者想要盖房的地方，发现什么也没有。

"他为什么不动工呢？"一个小怪物问。

"真是可惜了这块风水宝地了。"另一个小怪物说。

"如果我们把这块宝地买了就好了。"小怪物大哥说。

"是呀是呀，我们在这儿建一所很大的房子，里面放很多的书，我们就可以舒舒服服地在里面读书了。"

"我们先去问问学者为什么还不盖房吧。"小怪物大哥说。

三个小怪物去打听学者的消息。

"学者想盖个图书馆，可是他钱不够呢！"有人说。

"图书馆是做什么的？"小怪物们问。

"是看书的地方。"

看书的地方？三个小怪物很好奇，他们决定上图书馆瞧瞧。

"哇，这里有这么多书，还有好多人呢。"小怪物们来到图书馆，惊叹道。

图书馆里，好多人类小孩正忽闪着明亮的大眼睛津津有味地读书呢。

"小朋友，你在读什么书呀？"一个小怪物问。

"童话书。"

"有趣吗？"

"很有趣。"

"讲的什么故事呢？"

"小怪物的故事。"

"什么？小怪物的故事……那有意思吗？"

"当然了，小怪物们还搬运石头和动物便便呢，哈哈哈！"

小怪物听了小孩的话后，差点"啊"的一声叫出来。

这个小怪物向同伴使了个眼色，接着，他们迅速跑出了图书馆。

"我们做的那些事竟然都写在了书上，"小怪物大哥嘟囔着，"原来书上什么都有，难怪大王陛下嗜书如命啊！"

"大哥，你说什么在书上都有啊？"

"所有的东西都有，关于我们的那些事儿也有。我发现，只要有书，万事不难。书既蕴含知识，又让人心情开朗。"

回到家的怪物大哥把藏在角落里的空口袋拎了出来。

"咱们把钱都放到这些袋子里去吧。"

"为什么呀？"

"别问那么多，给我使劲儿往里塞。"

钱一共装了六个大袋子。三个小怪物每人背着两个钱袋子，大步流星地向学者的风水宝地走去。

"学者先生，这些钱给您，请务必建造一座规模宏大的图书馆，一定要建啊！"说罢，他们丢下钱袋子就跑了。

很快，图书馆在风水宝地上开始动工了。建好的那天，学者还给图书馆取名为"小怪物图书馆"。

自从小怪物图书馆开放后，三个小怪物成了这里的常客，其他地方的小怪物、喜欢读书的小朋友，都跑到这里来看书。

如果你哪天去的话，说不定还能看到那三个爱看书的小怪物呢。

【妈妈点一点】

三个小怪物好喜欢看书哦，你喜欢看书吗？书里有好多故事，还能学到很多平时学不到的知识。比如，你是不是认识了很多字？还认识到了很多人物？最重要的，读书，能获得很多快乐哦。

【妈妈有办法】

怎样让孩子爱上阅读

大多父母总是把孩子阅读习惯的养成寄希望于老师，可实际上，孩子除了在学校上课外，很少有时间去阅读。尤其是孩子6岁才上学，而孩子的阅读习惯从一两岁就需要妈妈去培养。培养得越早，孩子喜欢阅读的几率越高，看书的欲望就越强。阅读除了能增长孩子各方面的见识，还能提高孩子的专注力。

方法

1. 尽可能每天晚上给孩子读睡前故事。给孩子读睡前故事，不仅能增长孩子的见识和智慧，同时也能加深亲子交流，增进感情，更能让孩子喜欢上读书。

2. 打造阅读环境。一个没书的家庭，父母不喜欢读书，孩子也难以爱上阅读。想让孩子喜欢读书，就要给孩子营造一个良好的阅读环境，给孩子买适合他那个年龄段的书籍。周末也可以带孩子上图书馆，提高他的阅读兴趣。

3. 给孩子准备一个专用书柜。当孩子有了自己的书柜，他就会有了专属感，继而会爱惜书，珍藏书。随着书柜的书越来越多，读的书越来越多，孩子就会从读书中获得成就感。

4. 让孩子选择自己喜欢的书。除了你的推荐外，最好尊重孩子选书的权利，孩子在选书过程中，会对书产生兴趣，也会产生阅读的兴趣。

5. 多跟孩子聊书的内容。读完一本书，可以和孩子聊聊书的主人公，书中发生的事，聊得越多越具体，孩子对内容就会越了解，从而引起他们的思考。

【互动小贴士】

给孩子读书时，多提问，提一些能够引起孩子思考的问题，而不是那些只需要回答"是"或"不是"的问题。比如，"小熊在干什么？"而不是"小熊在吃蜂蜜吗？"这样，你可以根据孩子的回答，进一步讲解，拓展孩子的知识范围。

咯咯叫爱做白日梦

别空想，踏实干

孩子学习时，总是坐不住，一会儿起身喝水，一会儿上厕所，一会儿喊肚子饿。你稍一催促他，他就会说："唉，如果我已经做完就好了，现在可以出去玩了。"你借机说，那赶紧写，写完了，你就可以做自己想做的事了。孩子听了，却不以为然，仍是边写边幻想，甚至幻想不用上学，没有作业就好了。

【妈妈讲一讲】

▼咯咯叫爱做白日梦

有一只小花鸡，名叫咯咯叫，她整天什么也不干，就喜欢趴在地上做白日梦。

你瞧，刚才她吃饱喝足，又开始趴在地上做美梦了——

我是一位美丽的公主，穿着世界上最漂亮的衣服和鞋子，住着世界上最美丽的城堡，吃着世界上最美味的佳肴，我遇到了一位英俊的王子，然后我们幸福快乐地生活在一起……

做完这个白日梦后，她晃了晃脑袋想：为什么就不能实现这个梦呢？嗯，我要去找小精灵，让他帮助我实现这个梦。

于是咯咯叫爬起身，往森林里走去。

咯咯叫走呀走，总算找到了小精灵。

"请问，你能帮我实现我的美梦吗？"

"不努力就能达成的愿望，可是虚幻的呀。"小精灵对咯咯叫说。

"哪怕是虚幻的我也想感受一下。求求你，就满足我的愿望吧！"

"好吧。"说完，小精灵就开始对着咯咯叫念起咒语来。

"呀，好美呀！"随着小精灵咒语的念完，咯咯叫真的变成了一位美丽的公主。

这位美丽的公主穿着漂亮的衣服，住着最漂亮的城堡，房间里还有好多漂亮的家具，衣柜里，挂满漂亮的衣服，鞋柜里，放着很多漂亮的鞋子，桌上摆放着美味的零食……

变成公主的咯咯叫，快乐得快要晕过去了。她想要换件更漂亮的衣服，可当她的手去触摸衣服时，她的手却穿了过去；她去拿鞋子，手从鞋子中间穿了过去；就连美味的零食也是只能看，不能摸，更吃不到。

咯咯叫又气又急，可是不管她怎么抓，那些东西都抓不到。

"小精灵，小精灵！"咯咯叫大叫。

随着咯咯叫的大叫，小精灵飞了过来。

"我说过了，你幻想的东西，是没办法成为实物的，也是无法享用的。即使是咒语，也没法将你的美梦实现。你还是好好努力，靠自己的汗水去争取吧！"说完，小精灵就飞走了。

而咯咯叫呢，坐在草丛里，直发愣。

你说，咯咯叫该怎么办呢？

【妈妈点一点】

你喜欢总是幻想的小花鸡咯咯叫吗？为什么她幻想中有的东西，一触动，就变得一无所有？你知道这个故事讲的是什么样的道理吗？是的，幻想可以，但要去努力实现，那些想象中的东西，永远也得不到。

【妈妈有办法】

怎样培养孩子踏实做事的习惯

现在的孩子多为独生子，可以说"霸占"了家人很多的爱。正因为父母无条件地满足孩子的各种需求，才导致孩子一遇到困难，就只会满脑子空想，而不能踏实做事，正面解决问题。

方法

1. 让孩子体会生活的艰辛。不能总让孩子待在蜜罐里，因为人生之路始终要自己去走，他迟早要面对风雨。让孩子经历辛苦，自己面对挫折，除了能减少他的幻想，还能建立他的责任和担当感。

2. 让孩子做事有始有终。当孩子想要半途而废时，一定要鼓励他认真地坚持做完，而不是任由他放弃。孩子努力地完成一件事，获得的成就感，会让他以后遇到困难时，不会轻言放弃。

3. 用游戏的方式鼓励孩子。孩子做事做到一半时就想放弃，这也和孩子年龄小、自控能力差有关。尤其是不感兴趣的事，更无法吸引他做下去，这时你就需要找一些孩子喜欢做的事，来培养孩子的坚持力，多实践，少幻想。

【互动小贴士】

给孩子准备一个花盆，让孩子从院子里挖点土，然后栽种花，之后让孩子坚持照料，每天给花浇水，定期施肥，经常观察花的生长变化情况。必要时，可以做相应的记录。当花在孩子的精心照料下，开出鲜艳而美丽的花朵时，孩子会从踏实做事中体会到成就感和快乐。

差点闯祸的蓝色公交车

学不好，己受损

晚饭后，孩子不去写作业，你问他："今天没作业吗？"孩子回答说自己不想写作业。你问他原因，他还是回答说自己不想写。于是你对他说，写作业是他自己的事，是他自己的学习任务和责任，完成与完不成，和他人无关，但和他自己有关，因为这是他对自己的不负责任。听完你的话，孩子想了一会儿，就去写作业了。

【妈妈讲一讲】

▼ 差点闯祸的蓝色公交车

一辆崭新的蓝色公交车，跟着其他公交车到马路上实习。

公交车们要开到站台，按既定的路线送乘客。

上马路前，队长给公交车们讲解了运行规矩：

"要走公交车道，遇到红灯要停，绿灯要行，不和行人、其他车抢道……"队长认真地讲解着。

蓝色公交车听着听着，就有些烦了。

"哼，赶紧拉乘客就行了，讲那么多干什么呢！"蓝色公交车心里嘀咕道，他恨不得马上就跑到马路上。

好了，终于要出发了。蓝色公交车飞快地转动着车轮，开始跑起来。

跑得飞快的蓝色公交车快乐极了，他禁不住大叫一声："嘀——"呀，蓝色公交车这一声叫，把同伴和行人吓了一大跳。

"市内禁止汽车大喊大叫，还有，不要跑那么快，注意行人和其他车。"队长赶紧对他说。

蓝色公交车听了很不高兴，但是他怕被交警惩罚，所以只好闷头闷脑地往前走。

在变道时，队长闪烁着黄色转向灯。

"这怎么回事啊？"蓝色公交车一边自言自语，一边跟着队长变道。可是他没有打转向灯，差点撞上一辆小汽车。

"明明给大家讲了，变道要打转向灯，你为什么不打？差点出人命！"队长生气地说。

蓝色公交车不敢吭声，他知道自己闯了大祸。

大家在队长的带领下，跑向站台。

到了站台，大家把车门打开。而蓝色公交车呢，却想要和乘客们开玩笑，他一会儿打开车门，一会儿关掉车门，差点夹了一个老爷爷的脚。

"这公交车太不遵守纪律了！"一位乘客说。

"就是，这样的公交车就不该上路！"其他乘客也说。

"你再这样不遵守纪律，逗弄乘客，就只能被劝退了！"队长生气地说。

"我错了，我错了，我会好好改正的，都怪你讲课时，我没有注意听讲。我一定会认真学习运行知识的！"蓝色公交车羞愧地说。

这时，站牌的管理员一挥手上的红旗，队长缓缓关上门，然后启动，开走了。

蓝色公交车呢，也缓缓地关上门，稳稳地往下一站开去。

【妈妈点一点】

　　蓝色公交车还真是淘气鬼，不好好学习知识，还差点闯下大祸呢！你瞧，认真学习是多么重要。如果汽车司机不认真学习驾驶知识，是不是会闯红灯而被罚？如果饭店厨师不认真学习，做的菜放错佐料，是不是会被客人投诉？如果学生不好好学习，是不是都没法升学了呀？所以啊，学习一定要认真哦。

【妈妈有办法】

怎样让贪玩的孩子爱上学习

　　想要让孩子喜欢学习，培养孩子的学习兴趣很重要。孩子不爱学习，大多是因为失去了兴趣，你可以试着转变角度，用孩子的眼光去看待学习，然后以他喜欢的方式去引导，定能起到事半功倍的效果。

**方
法**

1. 让孩子尝到成功的滋味。很多孩子之所以不爱学习，那是因为他没有从中获得喜悦感和成就感。尤其是当考试成绩不如别人时，这种挫败感会戳伤他对学习的热情。平时就要根据孩子的情况，给孩子设置学习目标，从小到大，让孩子一步步完成并获得成就感，并多多鼓励孩子，孩子才能对学习感兴趣。

2. 与优秀的小伙伴为伍。给孩子找个充满斗志和正能量的伙伴很重要，因为孩子也会被激励，从而燃起斗志。当然，伙伴最好是跟孩子学习程度差不多的，这样才不会有太大差距，才有竞争的可能，并成为学习的动力。

3. 让孩子自己安排学习时间。让孩子自己制作作息时间表，当孩子拥有了一定的自主性，他才能安排好自己，学习的意愿也会得到提升。

【互动小贴士】

和孩子一起玩游戏，通过游戏和情景模拟的方式使孩子熟悉内容，培养学习兴趣。比如玩《渔夫和金鱼的故事》游戏，孩子演老太婆，妈妈演老渔夫和小金鱼。通过这样的游戏模拟，孩子不但会牢记故事内容，还能自编自导发展成其他结局，大大开拓思维，并爱上学习。

独立

独立让孩子更有担当

妈妈的陪伴
从讲故事开始

猪一抓住了猪精灵

坚持到底，获成就

孩子特别爱玩橡皮泥，每次都能用橡皮泥捏出一些花样来。看到孩子这个爱好后，你给孩子买了各种各样的泥塑和橡皮泥，供孩子捏。由于你的支持，孩子充满了干劲儿，没事就拿着橡皮泥在屋子里捏呀捏的，捏得越来越起劲儿了，作品也越来越形象了。没多久，孩子的作品就在儿童大赛中获得了一等奖。你对孩子说，这都是个人努力的结果。

【妈妈讲一讲】

猪一抓住了猪精灵

猪猪王国每年一次的玩具制作大赛就要开始了，整个王国的猪猪们都会参加。

然而，每一次大赛结束时，获头等奖的玩具总会莫名其妙地消失。

"我可不想得第一名，我不希望我的玩具被偷走！"猪二对猪一说。

"不，我一定要获得头等奖！"猪一很坚定地说。

"你辛辛苦苦制作的玩具，你想让它消失？"

"等着瞧，不是我的玩具消失，而是让小偷消失！"猪一说。

玩具制作大赛开始了，猪一设计制作的是唱歌跳绳，猪二设制作的是蹦跳沙包。

评委们开始紧张地评比，最后，得分最高的是猪一的唱歌跳绳，然后是猪二的蹦跳沙包。

当猪百老师宣布冠亚军时，猪一和猪二都好紧张。

"不要第一名，不要第一名。"猪二在心里祈祷着。

"第一名，我要得第一名！"猪一也在心里念叨着。

"本届玩具制作大赛第一名是——"猪百老师看了一眼猪一说，"是猪一的唱歌跳绳！"

"耶！"猪一跳了起来，猪二也跳了起来。

猪一的唱歌跳绳作为头等奖，按照惯例，需要摆放在猪猪王国的广场上展览一天。

猪一为了作品的安全，就一直守在展览架前。

天渐渐晚了，孤零零的猪一继续守着他的唱歌跳绳，一步也不离开。

猪一坐在那里，打了几个哈欠后，就开始打起了瞌睡。突然，一声尖叫吓得他睁开了眼。

"救命呀！"

咦？唱歌跳绳上怎么缠着一个长着翅膀的小猪？

"你这个小偷！你想偷掉我的作品？！"猪一大声质问道。

"我是猪猪精灵，你们设计的玩具太有趣了，我们猪猪精灵都很喜欢。可是我们不会做，只好拿你们的来用一用。"被唱歌跳绳缠绕着的猪猪精灵说。

这时，猪一吹起了哨子，没一会儿，猪九警长和猪七老师来了，他们给猪猪精灵好好上了两堂德育课，直上得猪猪精灵连连哭鼻子才罢休。

看着满脸泪水的猪猪精灵，猪一嘿嘿笑个不停。猪九警长和猪七老师都笑了。

猪一，终于在这届的玩具制作大赛上抓住了小偷猪猪精灵。

【妈妈点一点】

猪一和猪二分别做的是什么玩具呢？面对每届大赛上的小偷，猪二很害怕自己的玩具被偷，不想得第一名。而猪一呢？却坚持通过自己的努力得到第一名。他除了想获得第一名外，更想通过自己的作品去抓住小偷呢！

【妈妈有办法】

怎样培养孩子的坚持力

一个孩子具有坚持力，这是他意志品质的具体表现，拥有这类品质的孩子，遇到困难不会退缩，而是会努力坚持，直到达到自己的目标。坚持力并非与生俱来，它需要通过后天的教育来培养。

方法

1. 帮助孩子确立可行的目标。孩子做事没有规划，往往是想到什么做什么，所以很难坚持到底。这就需要妈妈设定一个可行的目标，根据孩子的兴趣、能力等设定，这样更容易培养孩子的韧性。

2. 让孩子做力所能及的事。你需要根据孩子的能力，给孩子分派任务，难易程度要适合他的"最近发展区"，也就是孩子稍微跳一跳就能达到的地方。让孩子通过自己的努力克服困难，这样的成功体验能够维持孩子做事的热情，并促使他坚持把事情做完、做好。

3. 不要打断孩子正在进行的活动。当孩子专心做事时，不要去打断，因为一旦中断，孩子的兴趣就会受到影响。孩子的思维活动需要连续性，一旦受到干扰，他的心就静不下来了，持久力就无法养成。给孩子一个沉下心来做事的氛围，长此以往，孩子的持久力就会提高。

【互动小贴士】

给孩子唱一首儿歌，并要求他努力记住歌词，之后围绕这首歌的内容向孩子提问。也可以在纸上写满数字，让孩子记忆，之后收起纸，问孩子："从第一行开始，你记住了哪些数字？"如果孩子能回答对一些问题，就要及时给予肯定和鼓励。

喜欢听故事的老虎

打破规矩，可自救

"孩子，记住，不能说谎，这是规矩。"你对孩子说。

"对坏人也不能说谎吗？"孩子问。

"哦，不，对于坏人，得说些聪明的谎。"

"为什么呢？"

"为了自我保护，规矩可以打破。因为安全和生命永远比规矩重要。"

【妈妈讲一讲】
▶ 喜欢听故事的老虎

有一个特别喜欢听故事的老虎，从森林跑到了一个很大的院子里。

大厅里，家庭教师林达小姐正在给几个孩子讲故事，这时花圃先生喊道："快把这只老虎赶出去！"

"不要赶，"林达小姐说，"他可没有干坏事。"

老虎趴在大厅的一角。林达小姐瞧了瞧老虎，继续给孩子们讲故事。

老虎听完一个又一个故事，就在他还想要再听一个故事时，几个小朋友却想走开了。

"讲故事时间结束了。"一个小女孩告诉老虎，"你该回森林了！"

老虎看看小朋友，又看看林达小姐合起来的书，不情愿地大叫："嗷！"

"如果你不能安静些，下次你就不能再听故事了。"林达小姐说，"这是规定！"

老虎不叫了。林达小姐看着它："不过一只安静、守规矩的老虎，明天还可以回来听故事。"

第二天，老虎早早就跑进大厅。可是他来早了，林达小姐给他分派了些工作。

"你去清洁下桌上的灰尘吧。"她说。

老虎就用他的尾巴清理桌上的灰尘，顺便还清理了地上的灰尘。

干完活的老虎，同孩子们一起，围在林达小姐身边，听她讲故事。

后来，不用林达小姐交待，老虎就会自己找活干。到了听故事的时间，他会趴在林达小姐跟前，津津有味地听故事。

"这只老虎真棒！"大家都说。

只有花圃先生很恼火。他认为，家里怎么能来老虎呢？

有一天，说故事的时间还没有到。

"我去整理一下书吧！"林达小姐说。她刚一站在凳子上，就摔倒在地！

"请你叫下花圃先生吧。"林达小姐倒在地上请求老虎。

老虎跑到院子里，盯着花圃先生看，花圃先生却挥舞着胳膊赶老虎走。老虎实在没法子了，只好张大嘴巴："嗷！"

"哼，这下你该走了，因为你不遵守规定。"花圃先生边走边说。老虎低着头，往大门走去，因为他知道自己没有守规矩。

"林达小姐，老虎违反规定了！"花圃先生大声说。

"只要做正确的事，也可以打破规矩。"林达小姐躺在地上说。

林达小姐摔伤了胳膊，医生让她好好休息。

第二天，老虎没有来。第三天，第四天，第五天……老虎都没有来。

一天傍晚，花圃先生问林达小姐："有什么需要我帮忙的吗？"

"没有，谢谢！"林达小姐轻声地说，她一直瞅着门外。

花圃先生走在回家的路上东张西望，谁也不知道他在找什么。

然后，他看到了，老虎坐在一处小丘坡上，望着他们院子的方向。

"嗨！老虎，只要你的行为是正确的，必要的时候，你可以在家里大声叫……"说完，花圃先生就头也不回地回家了。

第二天，林达小姐和孩子们惊喜地看到：老虎在用他的尾巴扫桌上的灰尘！

【妈妈点一点】

嗯，这还真是一只特别的老虎。当老虎离开时，林达小姐和孩子们是怎样的心情？就连花圃先生都觉得自己错了，为什么会这样呢？动动你的小脑袋，好好想一想哦。

【妈妈有办法】
怎样让孩子学会自我保护

让孩子学会自我保护，是一件重中之重的事情，它能帮助孩子避免很多伤害。

方法

1. 教会孩子识别危险。孩子对危险的辨别能力比较差，这就需要妈妈用故事，或者用标识性的危险事件给孩子进行讲解，让孩子对危险有初步的认知。

2. 教会孩子寻求帮忙。清楚地告诉孩子，当他遇到危险时，不要单靠自己的力量，最直接的方法就是寻求他人的帮助。

3. 让孩子和陌生人保持距离。你必须告诉孩子在外一定要和陌生人保持距离，不要轻信陌生人的话，不要吃陌生人的东西，拒绝陌生人的邀请，以免陷入危险。

【互动小贴士】

将家人的手机号，以及常用的求救电话写在纸上，贴在家里醒目的地方，让孩子熟记。并和孩子进行提问式游戏，比如问：有陌生人请你领路怎么办？有陌生人敲门时怎么办……如果孩子回答不上来，就跟他讨论遇到这些问题时的处理方法。

香蕉大狮子

有主见，可担当

孩子上了学后，老师说什么，他就做什么，同学讲什么，他就信什么。做作业时，会问你做得对不对；穿衣服时，也要问你穿哪一件好……

【妈妈讲一讲】
▶ 香蕉大狮子

香蕉树上，一根根黄澄澄的香蕉相继被人摘走。

"我不想被人吃掉！"一根香蕉说。于是他使劲一跳，从树上跳到地上。

也真怪，大香蕉一落地便像被气吹过一样，身体不断地胀大……然后，变成一只香蕉狮子啦！

香蕉狮子非常高兴，他决定到各地去旅行。

香蕉狮子翻过一座山冈，看见一只小兔子。香蕉狮子决定要吓一吓小兔子，谁知小兔子却抹着眼泪说："狮子大王，我妈妈得了重病，想吃香蕉，等我找到香蕉再吃我吧。"

"好吧，我给你一截吧。"香蕉狮子撕开自己的香蕉肚皮，掰下一截香蕉，递给小兔子。

"你真是一只好狮子呀！"小兔子感激地说。

香蕉狮子继续向前赶路，他蹚过一条小溪，看见一只山羊搀着一只绵羊。

"喂，小羊们呀，让我狮子大王尝尝羊肉吧！"他高声吓唬道。

"你快逃跑吧！"绵羊推推山羊。

"不，我不能扔下你不管！"绵羊说。

"你这小山羊，为什么不逃走？"香蕉狮子问道。

"我的朋友受伤了，我不能丢下它自己逃命。"小山羊说。

"我是和你们开玩笑的，我是一只有香蕉甜心的好狮子，你们有什么需要我帮助的吗？"香蕉狮子说。

"我的朋友伤得很厉害，很想找一点东西止一止痛。"小山羊说。

"我给他一截香蕉，吃了也许会好些。"香蕉狮子说着，从自己肚皮下掰下一截香蕉来。

"谢谢你，你真是一只好狮子。"小山羊说。

香蕉狮子摆摆手，继续赶路。傍晚，香蕉狮子来到一片果园。

果园被大火烧得只剩下一棵棵焦木桩。一座小房子前，有对老爷爷和老奶奶在抹眼泪。

"老爷爷，老奶奶，你们为什么哭呀？"

"咋天来了一伙贼，不但摘走我们的水果，还烧了我们的果园……"老奶奶擦擦眼泪说。

"你们重新栽种香蕉园吧。"香蕉狮子说。

"可是我们没有种子啊！"老爷爷说。

"我是一个大香蕉变的，身上有很多种子，你们把这些香蕉种子全拿去吧！"香蕉狮子说。

香蕉狮子将自己身上的狮皮撕开，露出半截香蕉。随着狮皮的脱落，香蕉狮子慢慢地倒下了。

香蕉狮子身上的种子，一粒一粒撒到果园烧焦的土壤里。

风来了，雨来了，香蕉的种子发芽了，长成了小香蕉树。

小香蕉树在暖风的吹拂下，长高，长高，然后就变成了一片葱绿的香蕉园。

【妈妈点一点】

香蕉虽然变成大狮子，但他有一颗软甜的香蕉心。他想搞恶作剧，却因为欣赏别人和同情别人，把自己给别人吃。甚至，到了最后，他都忘了"他不愿为别人而活"的初衷，把自己奉献给需要他的人。

【妈妈有办法】

怎样培养有主见的孩子

放学后做什么呢？

孩子的独立性一般都很差，再加上妈妈总是什么都不放心，什么都想操心，根本不给孩子锻炼的机会。怎样才能使孩子变得有"主见"，成为一个独立思考的人？

方法

1. 孩子的事，孩子自己作主。让孩子的事自己安排，比如过生日请哪些小朋友，到商店买什么样的衣服等。妈妈可以提供建议。

2. 培养孩子独立思考的习惯。孩子遇事有疑问时，多引导孩子独立思考问题，主动解决问题。只要确信自己的做法或观点是正确的，就应敢于坚持。

3. 教会孩子说"不"。想让孩子有主见，就得破除孩子对权威的迷信。告诉孩子，无论是谁，都有可能出错。

【互动小贴士】

对孩子提出问题，让孩子用多种方法解答。比如当和伙伴对某件事出现不同的看法时，他如何有论有据地阐述自己的观点；做某件事时，让孩子提供方法，哪个方法更能起到事半功倍的效果。有了良好的思维习惯，孩子才能慢慢从"无主见"转变到"有主见"。

要给妈妈当拐杖的小花狗

被关注，则懂事

孩子在学校，把老师的话当圣旨，可是回到家，你说什么他都不听，还喜欢跟你闹别扭，唱反调。你指东他偏向西，你指西他偏向东；你说这他偏说那，你说那他偏说这；你说多了，他干脆不理睬。这样不懂事的孩子，你拿他真没办法。

【妈妈讲一讲】
要给妈妈当拐杖的小花狗

小花狗身上长满了疮。小伙伴们一看到他，就躲得远远的，不愿意跟他玩。

狗妈妈带着小花狗去找医生。

"南山下，有一池泉水，你就带孩子去洗洗吧，坚持洗一个月。"医生说。

狗妈妈带着小花狗往大山走去，山路又陡又难走。

"我不要走，好累！"小花狗哼哼唧唧地说。

狗妈妈没办法，只好背着小花狗走。

太阳热热的，小花狗出汗了。

小花狗的汗水和脓水流到了狗妈妈身上，狗妈妈浑身又黏又湿，汗水像小溪一样流在山路上。

狗妈妈就这样背着小花狗走呀走，翻过一座山，他们才看见那眼神奇的泉水。

狗妈妈把小花狗放在泉水里，轻轻帮他洗身上的疮。

泉水凉凉的，小花狗躺在里面舒服极了，不一会儿，他就呼噜呼噜睡着了。

狗妈妈出了一身汗，浑身黏黏乎乎的，难受极了。她也很想在泉水里洗一洗，可是水潭实在是太小了。

狗妈妈看见小花狗睡得香香的，实在不忍心叫醒他。

眼看太阳快要落山了，狗妈妈叫醒小花狗，继续背着小花狗回家去。

"呀，妈妈，你的身上好臭呀！"小花狗捂着鼻子说。

狗妈妈只好蹲下身，摘了朵小野花给小花狗，小花狗放在鼻子边，闻了又闻。当他闻不到妈妈的臭味时，又趴在妈妈身上睡着了。

就这样，一天又一天，刮风下雨也好，烈日高照也好，狗妈妈都坚持背着小花狗去洗泉水。

终于，一个月后，小花狗的疮全好了，连一点儿疤都没有留下。

然而，狗妈妈却累病了，小花狗的疮也传染给了妈妈。

妈妈躺在床上病殃殃的，这时小花狗才发现，妈妈瘦了，背也弯了，身上到处是疮。

"妈妈，妈妈，都是我害了你。"小花狗扑到妈妈怀里，大哭起来。

你瞧，现在啊，轮到小花狗扶着妈妈去洗泉水了，他还把妈妈手中的拐棍扔得远远的。

"妈妈，从现在起，让我当你的拐棍吧！"

"可是，妈妈身上臭啊，还要走很远很远的路。"

"没关系，我要像妈妈陪我那样一直陪着妈妈。"

小花狗搀着妈妈，一步一步稳稳地走在山路上。

林子里静悄悄的，银色的月光洒在山路上，洒在小花狗和妈妈的身上。

【妈妈点一点】

你知道小花狗身上为什么长满疮吗？狗妈妈是怎样把小花狗带到泉水那里的？你知道狗妈妈是如何对小花狗的吗？而小花狗对妈妈开始是怎样的，后来又是怎样的？在家里，当妈妈照顾你的时候，你也要学会像她照顾你一样，去照顾她。这才是一个懂事的孩子该做的事。

【妈妈有办法】

怎样才能让孩子变得懂事

妈妈是孩子生命中的第一位老师，而家庭，是孩子的第一所学校。一个听话懂事的孩子，必然和和谐的家庭氛围有关，和妈妈和谐的关系有关。要想让孩子听话懂事，前两点必须要做到。

方法

1. 借第三者之口赞美孩子。不要在别人面前说自己孩子的缺点，或者强调孩子犯了什么错误，这样会伤害孩子的自尊心。如果你能在别人面前多多赞美和肯定孩子，孩子即使有一些小毛病，或者不懂事的方面，他也会主动改正。

2. 别小看孩子。相信孩子能行，不要怀疑孩子，不然会让他产生消极感。鼓励孩子，告诉他，他有这种能力，要相信自己。

3. 不要指责遭到挫败的孩子。孩子本身已经感觉到失败感，你再去指责孩子，他会因此更加自卑。妈妈要控制自己的脾气，不去批评孩子。在对孩子说话之前请三思，你运用的语气和措词的不同，效果差别会很大。例如"我爱你，但是你的行为我不能接受"，这种话第一次听会觉得很硬，但过了一会儿，孩子就会很自然地明白你的意思了。

4. 用书信或日记与孩子交流情感。文字的形式更容易让孩子亲近和接受。遇到问题时，不妨多和孩子用书信的方式交流，还能避免因为情绪问题和孩子发生正面冲突。

【互动小贴士】

和孩子一起制作漂亮的信箱，把信箱放在固定的位置上。然后和孩子商量，可以每周写几封信，任何方面都可以，充分与妈妈交流。通过这种方式，会让亲子关系更和谐，孩子也会慢慢地变得更懂事。

小小鲤鱼爱思考

坚持自我，不盲从

"妈妈，这个怎么做？""妈妈，我该怎么办呀？""妈妈，我不敢。""妈妈，我都听你的。"这样的话是不是听着很耳熟？孩子很乖，很听话，让你省心，但也让你烦恼。如果孩子脱离了你，他是否也会盲从于别人？这可是让人担忧的事。孩子为什么会这样，请和孩子一起读读下面的这个故事，再来一起分析吧。

【妈妈讲一讲】
▶ 小小鲤鱼爱思考

在一座大山下，有一个很大的水库，这个水库的堤坝上，有一条排水沟。

一天，好多的鱼儿、虾儿，从水库里成群地游出，往水沟里游去。

一条小鲤鱼看到了，觉得很奇怪，于是，他拦住一条鲫鱼问道："你们这是要去哪里呀？"

"我也不知道去哪里，看到大家往那里游，我也就跟着他们游过去，我想呀，那里一定很好玩呢。"鲫鱼说完，跟着鱼群游走了。

小鲤鱼停驻在一边，看着大伙从自己身边游过。

到底发生什么事儿了呢？于是他又拦住一条鲤鱼，问道：

"你们这是要去哪里呀？"

"我不知道去哪里，看到大家都往那边游，我就跟着游，我想那里一定有好吃的食物。"这条鲤鱼说完，也跟着鱼群游走了。

原来他们都不知道自己为什么要去那里。但小鲤鱼一是条爱思考的鱼，于是，他停在沟边开始认真观察。

没过多久，小鲤鱼发现了一件很奇怪的事：那些伙伴一条接一条地往沟里游，却没有一条游回来。

可真奇怪！小鲤鱼起了疑心，便转身独自游回了水库里。

大约过了两个小时，一条鲫鱼惊慌地游回来了，他一看到鲤鱼，就说：

"往水沟里游去的同伴，都被一个又长又大的网袋给网住啦！我可是拼命挣扎才逃了出来！"

小鲤鱼听了，自言自语地说："还好我没有盲目地跟着去凑热闹，不然，我现在也没命了！"

【妈妈点一点】

孩子，如果有一群孩子向着同一个方向跑去，你会在不知道发生什么事的情况下，跟着他们一起跑吗？哦，是的，一定要问明白为什么，弄清状况再做决定。你看小鲤鱼因为多问了几个为什么，而免去了灾祸。而其他小鱼呢？则因为盲目跟随，丢掉了性命。你看，遇事多多思考，多问几个为什么，是一件多么重要的事呀！

【妈妈有办法】

怎样培养孩子不盲从的品质

人作为群居动物，不管在生理上，还是心理上，都喜欢与他人结群。孩子更是如此，孩子最怕的是被孤立，加上他们又缺乏独立性，自我控制力又弱，所以就会出现对同伴的盲目崇拜或盲目跟随，产生盲从心理。

方法

1. 培养孩子的自信心。平时生活中，孩子做事不到位，或者犯了错，请不要随意批评和打击，不然会导致孩子不敢表达自己的看法。这种教育方法不改变，孩子只会越来越自卑，对自己产生不信任感。多去肯定和欣赏孩子，孩子才能变得自信起来，也会不怕犯错，敢于尝试，勇敢地表达自己的真实想法。

2. 培养孩子独立分析问题的能力。由于孩子年纪还小，是非观念比较薄弱，他总是根据自己的喜好，来判定一件事情的好坏。而且喜欢人云亦云，不管别人说什么，或者做什么，都去跟随。面对这种情况，你应当时常引导孩子，让他清楚哪些事情可以做，哪些事情不能做，鼓励孩子独立分析问题，逐渐形成主见。

3. 要对孩子经常使用鼓励性语言。如果孩子想要表达自己的观点，你需要鼓励孩子说出来，认真听取，并和孩子一起讨论分析，哪些是正确的，哪些是错误的，加强孩子的判断力。

【互动小贴士】

　　把面包渣放到蚂蚁洞附近，然后和孩子一起观察蚂蚁。一边观察一边分析每只蚂蚁的动向，鼓励孩子说出对这些蚂蚁的看法。如果孩子的观察和观点有误，可以用引导性语言帮孩子分析，并给出较为正确的答案。要让孩子学会目标定位明确，学会细致观察，学会思考，学会发表自己的观点。

FORMICIDAE

懒跳蚤

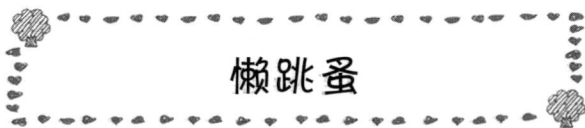

靠自己，得发展

学校给孩子布置了手工作业，孩子花了很长的时间，还是做得"乱七八糟"。你上前一把揉掉，着急了的你干脆自己帮孩子做。长此以往，孩子的手工作业成为了你的手工作业，孩子却成了旁观者。次数多了，你就会因为厌烦而抱怨："这孩子动手能力怎么这么差！"其实不是孩子的问题，而是你剥夺了他动手的机会。

帮助孩子学会自立，是多么重要的事儿啊。在读下面的故事时，请你也反思反思自己。

【妈妈讲一讲】
▼ 懒跳蚤

见过跳蚤吧？嗯，牛就更不用说吧？好吧，现在我们就来讲一讲他们的故事。

传说很久以前，跳蚤和牛的身体是一样大的……

不，不会的！

别惊讶啊，这可是故事，在故事里，没有什么不可能的事。

以前呢，跳蚤和牛不但一样大，而且他俩还是形影不离的好朋友，他们一起生活在森林里。

有一天，跳蚤从苍蝇那里听到一个消息。苍蝇说大山的另一边有一座城市，城市里有很多东西是森林里所没有的。那里的屋子很高大，而且冬暖夏凉，有各种吃不完的食物。苍蝇说完这些，就带着全家老小离开了森林。

跳蚤听说后，高兴地拉上牛一块儿去城市看看，牛也同意了。

两个好朋友来到城市，还真是大开眼界，因为这里好看好玩的东西应有尽有。

看够了，也玩够了，这时肚子也饿了。从哪儿找吃的呢？他们犯愁了，后来牛耸了耸肩膀说：

"我有的是力气，我可以帮别人干活儿，去换吃的。"

碰巧，有一户人家要搬干草，就雇牛干活儿，条件是牛干完活儿以后可以吃到干草，牛答应了。

而跳蚤呢？却在街上继续转悠。这时，他看见一个人躺在路边晒太阳，胳膊旁边有一张饼。

"好饿呀。"跳蚤没忍住，扑过去就朝着饼咬了一口。

没想到跳蚤饿花了眼，下口下错了地方，咬到晒太阳人的胳膊，那人居然没被疼醒。

跳蚤咬了一口肉后，觉得味道鲜极了，于是又咬了那人胳膊一口，这回他觉得味道更鲜美了。

跳蚤一直吃到心满意足才离开。

晚上，牛和跳蚤见面了。他们商量后，决定不回森林了。

于是，从此之后，牛就靠给人干活儿换取食物。而跳蚤呢，什么活儿都不干，专门挑睡着的人下口，以喝人血为生。

牛呢？干活儿不说话，人们很喜欢他，他的身体也越来越壮。

招人恨的跳蚤，因为吸人血，总被人追着打。结果，跳蚤为了生存，只好一点一点地缩小身材，藏在床板缝隙里、棉衣套子里。

随着时间的流逝，跳蚤的身材就越来越小了。

现在你知道跳蚤为什么这么小了吧？不但要整天东躲西藏，温饱难得解决，还要时刻为性命担忧，这都是懒惰惹的祸啊。

【妈妈点一点】

很喜欢牛是吧？牛在人们的眼里，一直是勤奋踏实的形象。你觉得跳蚤是什么样的形象呢？读了这个故事，会有什么感受呢？嗯，是的，付出了，总会有好的回报和结果。而投机取巧，则会落入悲惨的境地。你希望自己有牛的品质呢，还是跳蚤的？

【妈妈有办法】

怎样才能让孩子学会独立

每个父母都希望孩子能够成材，可是要让孩子成材，那就必须让他自己去学会成长。要想让孩子长大能够自立，一定要从小培养他们的独立性，提高孩子的独立意识与能力。

方法

1. 尊重孩子的独立意识。当孩子想要拿起小勺自己吃饭时，当孩子想要自己搬小凳子时，一定不要阻止，你只需要对孩子进行引导即可。学会放手让孩子做事，不要太过溺爱，不要凡事包办，当孩子遇到困难时，也让他自己尝试着去解决。

2. 平等对待孩子。尊重孩子，不要对孩子指手划脚，要注意对孩子说话的口气和方式，要学会认真听孩子讲话。能够以平等的态度对待孩子的妈妈，孩子大都待人友好、举止大方、自我独立意识强。

3. 帮助孩子爱上劳动。以游戏的方式吸引孩子劳动时，当孩子喜欢上劳动，他的独立性也会慢慢增强。

4. 教给孩子独立做事的知识和技能。除了在实践上让孩子放开手脚去做，还要告诉孩这方面的知识和技能，比如怎样择菜、洗菜，怎样扫地、擦桌子。

【互动小贴士】

让孩子整理和打扫自己的房间。给孩子制作一张整理房间表，上面注明要整理的东西。比如早上起来叠被子、整理床单、整理桌子、扫地……孩子每完成一件，就在表格上打勾。只要孩子每天都能按这个程序来做，就给孩子一定的奖励。时间久了，好习惯养成了，孩子也就慢慢地独立起来，自己的事情自己做。

自律

自律的孩子更易成功

妈妈的陪伴
从讲故事开始

捣蛋鬼精灵

立规矩，不捣蛋

　　带孩子外出办事，排队期间，孩子不停地捣蛋。一会儿扯着你的衣服往外拽，一会儿在腿下钻来钻去，一会儿用拳头攻击你的身体，一会儿尖声大叫……你怎么劝也无济于事，于是你批评他，可是仍起不到任何作用。孩子还是我行我素地继续捣蛋，搞得你很无奈，只好事也不办了，拖着孩子往外走。

【妈妈讲一讲】

▼ 捣蛋鬼精灵

　　捣蛋鬼精灵小吉在树丛中跳来跳去。

　　"小魔，"他对魔法棒说，"我好无聊呀。"

　　"找些乐子吧，"魔法棒说，"找个人捉弄捉弄。"

　　"可是找谁呢？"小吉说，"去哪儿找啊？"

　　"熊伯果园，"魔法棒哇啦哇啦地说，"找熊伯和他的儿子熊小小。"

　　好呀，小吉变成了一只苍蝇，嗡嗡嗡地向熊伯的果园飞去。

　　来到熊伯果园，熊伯手里握着个苍蝇拍，坐在屋前打瞌睡。

　　小吉落在熊伯的脸上，在上面跳来跳去，还用他的小脚挠熊伯的鼻子。

熊伯跳起来四处拍打，苍蝇拍上下挥舞，嗖嗖作响，有几次差点打到小吉。

"呀，他居然想要了我的命！我会让他得到报应的。"小吉飞出窗外，对自己说。

"小魔，"精灵小吉对自己的魔法棒说，"那个老头差点儿打死我，我一定要让他好看！"

"让他好看，小吉，"魔法棒大叫，"报复他，气得他哇哇叫！"

第二天一早，太阳还没出来，小吉就躲在熊伯果园附近。

太阳升起时，熊伯出屋了，他左手握着苍蝇拍。

"古里古啦，变！"精灵小吉变成一只手套。

熊伯看见地上的手套，高兴极了，他马上捡起来，戴在了自己的右手上。

熊伯戴着精灵小吉变成的手套吃饭、做事，可是有一天，他发现右手不对劲儿了。

当他打苍蝇时，右手就不听使唤地往一边打，害得他一只苍蝇也没有打着。

熊伯越打越生气，越打不着，他就越要打，最后气得哇哇叫。

"爸爸，你怎么了？"熊小小问熊伯。

"没什么。"熊伯说了假话。

"可是，"熊小小说，"自从你戴上那只手套以后，就变得有些古怪了。"

熊小小让熊伯脱下手套。精灵小吉听了，气得心里直哼哼。

"哼，我要让你们好看！"小吉对着熊小小念了句咒语，熊小小就开始背上发痒，真是痒得不得了。

熊伯和熊小小吃饭时，小吉把他们的菜打翻在地，还让他们杯子里的水喷出来，就像喷泉一样。

第二天，他又让熊伯家的房子摇摇，拖拉机晃晃。

熊伯看着这些怪事儿，想起熊小小的话——手套就是罪魁祸首！

熊伯把手套从手上拽下来，扔进了河里。

那只手套在水中不停地扭来扭去，变回了捣蛋精灵小吉的模样。

　　"真是讨厌啊！精灵最讨厌水啦！"小吉在河里噼噼啪啪地扑腾，噗噗地吐着水，紧跟着身体往下沉。

　　熊伯惊讶极了，手套竟然变成了一个长得很奇怪的小人！

　　熊伯跳入水中，抱着讨厌的精灵小吉游向河岸。

　　被救的精灵小吉脸红红的，很难为情。

　　他对着熊伯充满感激地说"谢谢"。

【妈妈点一点】

　　精灵小吉很捣蛋，他因为无聊，然后在魔法棒的怂恿下，去捉弄熊伯和熊小小。别人越狼狈，小吉就越开心。然而，当小吉掉进河里时，是熊伯不计前嫌地救了他。这时的小吉，为自己的行为感到脸红。你来说说，小吉的内心是怎样的呢？他还会再去捉弄人吗？

【妈妈有办法】

怎样管教调皮捣蛋的孩子

　　孩子调皮捣蛋，很让你头痛，因为他总是在无意间惹出很多麻烦。怎样才能管教好调皮捣蛋的孩子？你不妨参考一下以下几个方法：

方法

1. 多让孩子和其他孩子交往。满足孩子的交往需求，孩子不但能从别人身上学到知识经验和行为规范，时间久了，也能帮助他改正自己的不良行为。

2. 尊重孩子的自发性。少对孩子强硬地说"不行"，尊重孩子的自发性，重视孩子的各种尝试，只要孩子的行为没对他人造成伤害，你就不要去强硬地制止他。

3. 发现并利用孩子的闪光点。任何一个孩子，都有着自己的闪光点，调皮的孩子闪光点更多。你只要抓住孩子的这一特点，进行教育，一定能取得良好的教育效果。

4. 进行有针对性的教育。调皮的孩子都很好动，自制力差，可以用做游戏的方法，用角色的行为规范来引导和约束孩子。

【互动小贴士】

给孩子建立零钱库，如果孩子遇事自制力很好，就给孩子按时发放零钱。如果孩子自控力差，又干了调皮捣蛋的事，除了进行正面引导外，还要倒扣他的零花钱。在零花钱扣完的情况下，就拿走他最喜欢的东西作为抵押，直到他还清欠款，再让他赎回。这样做的目的，一个是进行约束并提高孩子的自控力，另一个是让孩子学会承担调皮捣蛋的后果。

坏脾气公主

控制脾气，稳行事

　　孩子一天天地在长大,脾气也跟着一天天地变大。只要不如他意,他就开始倒地大哭、大叫,甚至躺在地上打滚……你越哄他或是越批评他,他的反应就越厉害,一副跟你对着干的架势。这样的熊孩子该怎么办呢?

【妈妈讲一讲】
坏脾气公主

　　菊花街上,住着位脾气很坏的菊花公主。
　　只要有一点点不开心,她就气得脸发红。
　　脾气一上来,她就砸东西。
　　据说这个坏脾气菊花公主,已经砸坏了一千一百个杯子,撕掉了一万零一本书,剪碎了两千个布娃娃……
　　菊花国王和王后想尽了办法去教育她,可是却没什么用。
　　菊花公主还是发着脾气,破坏着东西。
　　这样的菊花公主可没人喜欢她,没人愿意和她玩,甚至连话也不想跟她说。
　　就连小狗小猫见了她也会跑得远远的。
　　这样的菊花公主真是可怜,真是孤单。

可是，这又能怪谁呢？

这天，皇宫里来了一位老爷爷。

"让我来帮助你们吧，帮助公主解决爱发脾气的问题。"老爷爷对菊花国王和王后说。

真是一件好事儿，菊花国王和王后赶紧留下了老爷爷。

菊花公主却不愿意了，她发着脾气说："你这个糟老头，谁要你管！"

"公主，我有一粒愿望种子，我把它送给你，你种下它，让它结出果子，它就能实现你一个愿望。"

"能实现愿望的种子？真有趣！"菊花公主很好奇，赶紧接过种子。

"但是有一个要求，种它的人，必须是个不乱发脾气的人，不然，它根本不会发芽的。"

"什么？！我真想砸了它！"菊花公主发火道。

老爷爷看着菊花公主，菊花公主又看了看种子，张了张嘴，说道："好吧，我同意。可是我忍不住发脾气怎么办呀？"

"当你控制不了自己时，你就去想一些快乐的事情，它们会让你的脾气变得好一些。"

"好吧，我试一试吧！"

菊花公主赶紧把种子种下，还在心里许了一个愿望。

她刚去浇水，结果一只小猫蹿过去，差点打翻了水壶。

菊花公主正要发脾气，可是一想到老爷爷的话，于是，她就对着种子开始唱起歌来。

她唱啊唱啊，最后还跳起了舞。

快乐的菊花公主，想发脾气也发不出来了。

一天一天就这样过去了。只要菊花公主想要发脾气时，她就会想办法让自己忘掉生气的事，让自己快乐起来。

现在，不但有小伙伴愿意和她说话了，就连小狗小猫都愿意留在她身边，听她唱歌了。

菊花公主变得越来越温和，朋友也越来越多。

就在某一天，她发现那颗愿望种子早已长成了一棵小树，上面还挂着一颗小果子。

她立马对着果子又重复许下了当初的那个愿望：让我拥有许多好朋友吧！

瞧，菊花公主的愿望真的实现了！

【妈妈点一点】

菊花公主一发脾气，会做些什么事呢？她都摔坏了哪些东西？摔了多少件？这样的菊花公主是不是很讨厌？瞧，连小狗小猫都躲她远远的。她最后用什么办法改掉了自己乱发脾气的毛病？菊花公主变得温和起来，你觉得是愿望种子的作用吗？还是她自己努力的结果？

【妈妈有办法】

怎样让孩子学会控制脾气

大人有脾气说来就来，难以控制，孩子更是如此，一旦发起脾气来，一些破坏性的行为，总是搞得大人不知怎么办才好，既不能打又不能骂，不然随着孩子情绪失控，事情会变得更严重。

方法

1. 对发脾气的孩子进行冷处理。少对孩子一些溺爱，不把孩子当作家庭的主角，当孩子大发脾气时，就让他呆在一个房里，短暂隔离，冷落他一会儿，让他有时间冷静下来。过一会儿，你再给他讲道理，告诉他采取发脾气的办法要挟妈妈是不对的，也不会得到满足。

2. 学会转移孩子的注意力。孩子越小，情绪越不容易稳定，但好处是他们的注意力也很容易转移。当孩子发脾气时，你可以采取转移法，用其他事情吸引他们。

3. 理解孩子，耐心劝说。当孩子对着你喋喋不休地说某件事时，你一定要放下手中的工作，倾听孩子的话。如果你老是应付孩子，他们就会容易恼火，继而乱发脾气。这时候，你要认识到，这不是孩子的问题，而是你的问题。多和孩子聊一聊，这对孩子会是极大的支持和鼓励。

【互动小贴士】

改变与孩子说话的口吻，有些妈妈对孩子说话的方式很生硬，这更容易养成他们乱发脾气的习惯。妈妈的口吻温柔一些，孩子的脾气就会小一些。

小精灵爱大话

不甘人下，爱大话

孩子很喜吹牛，他对别的小朋友说，爷爷奶奶给他买了一套"星球大战"系列的乐高玩具。要知道，买全一套"星球大战"的乐高玩具需要上万元，爷爷奶奶根本不可能买。孩子这么大言不惭地喜欢在人面前吹牛，还真让你头痛。

【妈妈讲一讲】
小精灵爱大话

小精灵在家里呆了好长时间了，她现在感到很憋气。

"快来帮我收拾屋子吧。"精灵妈妈说。

"用魔法不就行了，干吗要那么累！"小精灵说。

"你还小呢，有的魔法还不能学，不然会把事情搞得一团糟！"精灵妈妈说。

"哪有那么难，我想应当很简单，很好学！"小精灵挥着她的魔法棒说。

"别说大话了，万一用不好，事可就大了。"精灵妈妈说。

"老是小看我，哼！"小精灵不耐烦地说。

这天，精灵妈妈外出了。小精灵睡醒后走出门外，看到另一个比她大些的绿精灵，在用魔法棒把一片树叶变成了小麻雀。

　　于是小精灵也挥动着自己的魔法棒，嘴里念念有词，她想把地上的一块石子变成可爱的小兔子。

　　"·￥#*—%……" 小精灵念着咒语。

　　咦？这是什么东西呀？太吓人了！小石子不但没有变成可爱的小兔子，居然变成一块超级大的石头挡在小精灵家的门口。

　　"这、这可怎么办呀？"小精灵急得直哭。她使劲推呀推，石头没有推开，手却被划了一道大口子。

　　精灵妈妈回来了，叹了口气，把大石头变成了小石子，还找来一些敷药，替小精灵敷在伤口上。

　　这天，精灵妈妈带小精灵到森林里练习魔法，她叮嘱小精灵好多魔法事项。

　　"妈妈，我知道了！"小精灵不耐烦地说。

　　小精灵根本听不进去妈妈的话，她挥起魔法棒，口里念着咒语。

　　等她做完这些，然后，傻眼了：森林的树被她变成了小木桩，简直是惨不忍睹！

　　最可怕的是，因为没了森林的保护，动物们全跑了出来大声咆哮，小精灵吓得魔法棒掉了下去。就在她去捡魔法棒时，差点被疯狂的动物们踩死。

　　还好精灵妈妈及时用自己的魔法解决了小精灵的这些麻烦。

　　"你总是爱说'我知道，我知道'，大话个没完。现在吃亏了吧？！"精灵妈妈生气地说，"你要学习的还多着呢！"

　　"妈妈，我知道，我知道了！"小精灵好像听明白了一些。

【妈妈点一点】

小精灵爱说大话，总觉得自己很能干，什么都很简单，结果吃了亏。在生活中，我们总是能看到很多爱说大话的小朋友，明明没有的东西被他说成有，明明做不到的事情，总说自己可以做得很好。可是到真正要做的时候，事情却被他搞得一团糟，就像这个小精灵一样。所以啊，一定要虚心哦，不然会吃亏的呀。

【妈妈有办法】

怎样才能让孩子不说大话

孩子喜欢夸大事实和吹牛，这是一种正常的儿童心理现象。越小的孩子，越分不清现实和想象的区别，但 7 岁以上的孩子如果还在吹牛，就得注意了，因为这个年龄的孩子，已能分辨出想象与真实，不能让其夸大下去，因为很有可能演变成习惯性的撒谎。

方法

1.培养孩子的同理心。平时注意观察孩子与人交往时如何说话，如果孩子说话很自我，而不考虑其他孩子的感受，就需要积极培养孩子的同理心，让他们学会换位思考。

2.利用"大话"激励孩子。孩子说"大话"了，一定不要批评，除了帮助孩子分析哪些是想象的，哪些是真实的，还要告诉孩子，如果他想让想象成为现实，那他现在就得认真学习，朝着这个目标前进，他所想的终有一天会成为真实。

【互动小贴士】

用生活中的的一些具体事例向孩子说明什么是说大话，比如告诉孩子："上次小表哥说他力气很大，能打倒一头牛。这是根本不可能的事，事实上他做不到。这就是大话。"再比如："昨天你给你的好朋友说，你奶奶跑得比运动员还快，实际上奶奶六十多岁了，根本没法跑得比运动员快，这也是吹牛，是说大话。"这样的说明，孩子自会明白，哪些是大话，哪些是真实。

说话不算话

轻承诺，必寡信

你近来很困惑，因为孩子说话总是不算数，答应好的事情，根本不去履行。比如看了半个多小时的电视了，该洗手吃饭了，孩子却不肯关电视。你要用猜拳的方法和孩子来决定关不关电视，孩子答应了。你赢了，要去关电视，孩子又不干了。你强硬地关掉电视，孩子又去开电视，于是你们在关关开开中，闹了好久，最后以孩子躺在地上耍赖而告终。

【妈妈讲一讲】
说话不算话

飞飞喜欢拆卸东西，家里的电话、表、手电筒……被他拆得七零八落，零件到处都是。

飞飞爸每次出差回来，看到被拆的东西，就非常生气。

飞飞爸一边打飞飞的屁股，一边说："让你乱拆乱卸！家里的东西都要被你破坏完了，那可是用钱买的呀！"

飞飞痛得一边大叫，一边哇哇大哭。

飞飞妈赶紧跑过来，搂着孩子对飞飞爸说："别打了，别打了，孩子既然这么喜欢拆东西，明天就给他买些机械玩具让他拆着玩吧。"

然而到了第二天，飞飞妈把这件事忘得一干二净。

飞飞提醒妈妈，妈妈口里答应说买买买，结果还是没有去买。

于是，飞飞又开始在家里找东西乱拆，拆了后去装，却总是多出些零件来。

飞飞爸气得又打了飞飞一顿屁股，飞飞妈气得摇头在一边看。

这天叔叔上飞飞家做客，送给飞飞一个拼接玩具。

飞飞抱着玩具，高兴得不得了。他拆啊，装啊，装啊，拆啊，玩得真高兴。

玩着玩着，一想到妈妈说话不算数，飞飞就直生气。

于是他找了张贴纸，在上面写着：妈妈说话不算数！

然后在妈妈出门时，悄悄地贴在妈妈的后背上。

飞飞妈走在大街上，这个人朝她笑，那个人对她点头，还有人用手指着她。

看到大家这么友好，飞飞妈还很高兴。

到了单位，同事们对她指指点点，领导把她叫到办公室对她说：

"罚你抄写一千遍：我一定要说话算数。并回家对孩子说对不起，不然我会开除你。"

再说飞飞爸要出门上班，也被飞飞在后背贴上了：打孩子的坏蛋！

飞飞爸走在大街上，大家都回头看着他的背，然后哈哈大笑。

飞飞爸爸来到单位，同事对他议论纷纷，老板把他叫到办公室对他说：

"罚你抄写一万遍：我再也不打孩子了。并回家对孩子说对不起，如果再发现你打孩子，我们就要开除你。"

从此以后，飞飞妈再也不说话不算数了，飞飞爸呢，再也不打飞飞了。

瞧，飞飞好高兴，继续在家里拆拆卸卸，后来他还成为科技达人了呢！

【妈妈点一点】

在家里，爸爸妈妈有没有食言过？对爸爸妈妈这种说话不算话的行为，是不是很难过？就像飞飞的妈妈一样，答应了却做不到。所以你看，说话要算数是一件多么重要的行为，一旦不去实现承诺，就会引发一系列的事情。相信你看了这个故事，也会让自己做一个言而有信的孩子。

【妈妈有办法】
怎样才能让孩子言而有信

德国诗人海涅说过："生命不可能从谎言中开出灿烂的鲜花。"可见，从小培养孩子的诚信极为重要。

方法

1.做到言而有信。想要让孩子做一个诚信的人，妈妈就得是一个言而有信的人。不能认为孩子小，事情小，就不去兑现自己的承诺。一个食言的妈妈，孩子也会去效仿，成为食言的人。

2.让孩子明白诺言的实质。告诉孩子什么是诺言，用具体事例向孩子解释，并让他明白诺言的重要性，还有言而无信的人会造成怎样的结果。当孩子明白了诺言的重要性后，他才能在平日生活中注重对他人的承诺。

3.先"通情"，再"达理"。孩子还小，对诺言的认识度还不清楚，当孩子一次没有遵守约定时，一定不要逼迫孩子去实现诺言。你需要先了解一下孩子没有做的原因，是他心甘情愿的，还是被迫接受的。承诺是建立在孩子自愿的情况下履行的，而不是由你命令成的。

【互动小贴士】

和孩子一起玩有奖游戏。比如动物接龙，十个动物为一组，如果孩子接龙答得又快又好，就奖励孩子一块糖果。输了的话，让孩子选择小小的惩罚，刮鼻子，或者骑马在客厅转一圈。父母输了，按约定，就要接受孩子的惩罚。这是一个按约定进行以身作则的游戏，正好培养孩子的诚信心理。

白兔白白偷萝卜

辨别错对，不偷拿

　　孩子性格开朗活泼，算是一个听话的孩子。可是最近你发现，孩子从家里偷拿钱。最初是拿放在桌子上的钱，后来不拿桌子上的钱了，而是从包里拿钱。拿钱后也从不打招呼。虽然你给孩子讲了不能私下拿钱，需要同意后才能拿的道理，孩子嘴里是答应了，但事后还是会去拿。这样的行为真的让你接受不了。

【妈妈讲一讲】

白兔白白偷萝卜

　　菜畦里种着一地胡萝卜。

　　胡萝卜地是毛奶奶种的。

　　毛奶奶很喜欢她的这一地胡萝卜。平时精心照料，给胡萝卜浇浇水，施施肥。

　　有时候，毛奶奶还和胡萝卜说说话儿呢。

　　白兔白白在萝卜地的另一边，吃着青草叶子。

　　白兔白白看起来很乖很安分，可是她有时会瞅着毛奶奶的胡萝卜流口水。

　　"好想吃一根胡萝卜呀！"白兔白白心里想。

　　白兔白白决定晚上挖一根毛奶奶的萝卜吃。

天晚了，白兔白白偷偷溜到胡萝卜地。

"哇，真是清香极了，我都闻到了！"白兔白白好开心。

她刨出一根胡萝卜，擦干净后就往嘴里啃。

"嗯嗯，真好吃！"白兔白白吃得好香。

这时啊，天上的月亮看不过去了，对风儿说："赶紧告诉毛奶奶！"

于是风儿就跑了起来，吹到院子里，敲响了毛奶奶的窗户。

毛奶奶忙穿上衣服，来到胡萝卜地。

白兔白白刚刚吃完一根胡萝卜，正咂嘴呢。

"我的胡萝卜少了一个！"毛奶奶说。

"问问白兔白白吧！"胡萝卜们说。

"白兔白白，是谁吃了我的胡萝卜？"

"不知道，不知道，不是我。"白兔白白赶紧答道。

"那你身后的是什么呀？"

哈，原来是吃剩的胡萝卜叶子。

"是我割的青草，我要把它们背回家。"

白兔白白说完，自顾自地走了。

第二天晚上，白兔白白又到胡萝卜园偷了一根胡萝卜。

这下毛奶奶生气啦，她对白兔白白说："白兔白白啊，我在菜畦里挖了洞，你转告小偷儿一声，再来偷胡萝卜就有她好瞧的了。"

白兔白白有些害怕，偷胡萝卜掉进洞里那该有多丑啊！可是，那些胡萝卜实在味道太美了。"一定是毛奶奶吓唬人呢，哼，我可不怕吓！"

第三个晚上，白兔白白又进了胡萝卜地。

清早一起身，毛奶奶就跑到了胡萝卜地，她要把胡萝卜全挖了，把它们运回家。

可在这时，她听到有人在哭鼻子，是从她挖的洞里传来的。

毛奶奶跑过去一看，哈哈，原来是白兔白白！

白兔白白好羞耻啊，她站在洞里，把头压得低低的，怕毛奶奶和胡萝卜们看见她的脸。

白兔白白好喜欢吃胡萝卜，她总共偷了毛奶奶的胡萝卜几次？毛奶奶是不是有警示过她？可她还是控制不了自己的欲望去偷，结果掉进了抓小偷的洞里，是不是为她感到很难为情？你觉得除了偷，她还可以用什么正确的办法获得胡萝卜？给她出出主意吧！

怎样改掉孩子偷拿的行为

当发现孩子有偷拿行为时，你的第一反应一定是震惊，然后是生气难过。常言说"小时偷针，长大偷金"，孩子为什么要这样？你该怎么办？怎么才能改掉他这种偷拿的行为？

方法

1. 先搞清楚事情的原由。一旦发现孩子有偷拿行为时，先控制好自己的情绪，然后平下心来，了解他那样做的原因，然后加以引导和教育。

2. 给孩子树立物权观念。平时你需要给孩子指出东西的归属者，并告诉孩子，使用之前必须经过对方同意才能使用，而且用完后要立即还给别人，并要表示感谢。

3. 给孩子一定的零花钱。每周给孩子一定的零花钱让孩子去支配，并明确告诉他，每一笔零花钱的用途，必须进行记录，目的主要是让孩子合理使用和管理。

4. 适当地满足孩子的需求。告诉孩子，如果他想满足自己的需求，他可以通过努力来争取，只要他做到了，他会得到他想要的奖励。

【互动小贴士】

在家里准备一个盒子，里面放一些零用钱，一百左右零钱即可，再放一个小本子，孩子用钱时，可以在上面进行记录，用了多少钱，用来做了什么，并写上时间。这样孩子有自主权，加之你对他的信任感，他反而是不会乱花钱或者偷拿的。

人来疯毛豆

人来疯，没规矩

　　孩子平时很听话，很守规矩，可是家里一旦来了客人，孩子就会一反常态，变成一个"人来疯"。不是把玩具丢得满屋都是，就是在客人面前跑来跑去，甚至还不停地对着客人做鬼脸，显得很没规矩。当着客人的面，也不好训斥孩子。不管吧，孩子的行为又令人生气尴尬。有时候，你觉得孩子这种出格的行为好像是故意做出来给别人看的。

【妈妈讲一讲】

人来疯毛豆

　　毛豆是个红脑袋、细身子的"火柴人"。

　　毛豆的同伴就像一根真正的小木头一样，喜欢一动不动地待着。

　　毛豆，可不喜欢像根木头，他就是一个喜欢胡闹的人来疯，总是和大人唱反调。

　　比如，他爱爬上高高的屋顶。

　　比如，家里来了客人，他就在别人面前滑溜溜，还会吐舌头做鬼脸。

　　比如，他会猛地扑过去抱住伙伴的身子摇晃。

　　他干的事啊，总让人哭笑不得。

现在毛豆长大了，他要去当兵了。

毛豆和伙伴们被装上汽车，要被运送到很远的地方去。

"毛豆太爱胡闹了！"妈妈说，"他准会把队伍搅得一团糟！"

可毛妞却说："小时候胡闹不代表长大了还会胡闹，我相信哥哥一定能做得很好！"

毛豆和同伴被带到一个城市，他们被人类搬下来。

接着，有的同伴被老人带走了，有的被年轻人带走了，有的被小孩子带走了。

而毛豆，被一个带着孩子的妈妈带走了。

那个妈妈给孩子过生日，铺着格子布的餐桌上，是香喷喷的饭菜，还有插满蜡烛的蛋糕。

爸爸妈妈，还有一个可爱的男孩，他们围坐在桌子边。

"祝你生日快乐！宝贝。"爸爸妈妈说。

"谢谢爸爸妈妈！"

他们碰了碰杯子。

火柴兵不就是为人类服务的吗？毛豆认为是该露一手的时候了，他开心地表演起魔术来。

"哗"的一声，所有的生日蜡烛都被点亮了……

第二天，毛豆收到长官的通知，他的任务完成了，可以回家了。

毛豆开心地踏上了归途。在车上，他发现同伴们的红脑袋都变成了"黑脑袋"。

车开了很久，他们终于到家了。

黄昏下，毛豆看到三个拉得长长的影子。爸爸妈妈正在笑着挥手，毛妞却哭了。

毛豆的卓越表现让他赢得了英雄勋章。在发表讲话的时候，他说："我曾经是一个爱胡闹的坏孩子……"

"小时候胡闹不代表长大了还会胡闹。"毛豆的爸爸妈妈在台下说。

【妈妈点一点】

你是和毛豆一样的孩子吗？看着毛豆小时候的行为，是不是有些似曾相识？其实，人来疯、捣蛋的小孩都说明他们的思维活跃，只要被爸爸妈妈好好引导，就不会从熊孩子变成熊大人。要记住，把聪明用在正确的事上，才会更加有出息。

【妈妈有办法】

怎样让孩子不在人前"发疯"

孩子有时候总是"人前一套，人后一套"，让父母们很苦恼。其实大可不必担心，孩子的这种"人来疯"的表现，是孩子正常心理活动的外在表现，是他们的心理宣泄，只是这种宣泄容易被人误认为是行为有问题。如何将孩子的这种心理往更好的方向去引导呢？你可以参考以下方法：

方法

1. 让孩子形成正确的行为意识。孩子之所以"人来疯"，是因为孩子的自我意识在增长，为了证明他的存在就会想出折腾的办法。你需要给孩子讲道理，指出这种行为的不妥。

2. 给孩子定好规矩。给孩子明确说明，家里来客人时，一定要礼貌，因为这是对客人的尊重。还可以让孩子试着招待客人，以此来满足他在客人面前表现自己的欲望。

3. 对孩子进行适当的奖惩。孩子如果能按规矩做到，妈妈就要给孩子赞扬和鼓励。反之，则给予相应的惩罚。

【互动小贴士】

根据孩子的兴趣，和他一起玩耍。唱歌、跳舞、做游戏，让孩子尽情表现自己。孩子渴望得到妈妈的重视，如果这方面的需求经常被满足，当有客人来的时候，他就不会过多地希望客人和自己一起玩了。

乐观

乐观是孩子迈向成功的钥匙

妈妈的陪伴
从讲故事开始

莱莱要去看杂技

充满乐观，成功不会远

"我今天在幼儿园被老师表扬了！"乐观的孩子说。

"老师表扬别人，不表扬我，她可能不喜欢我。"悲观的孩子说。

"今天我虽然摔了一跤，可是我交到了一个好朋友呀！"乐观的孩子说。

"今天真是倒霉透了，又摔了一跤！"悲观的孩子说。

【妈妈讲一讲】
莱莱要去看杂技

这天早晨，阳光灿烂。小猪莱莱坐在树下舔着一片叶子。

树上的一只燕子对着另一只燕子叽叽地叫着。

"听说老虎大王要在他的王国举办一场杂技表演，他邀请大家都去观看。"

"是的，是的，我们收拾一下赶紧出发吧！"两只燕子说完就去忙活了。

"我也想去看表演呢。"莱莱自言自语地说。

第二天一大早，莱莱上路了。

莱莱跑跑走走，结果因为太急，摔了一跤，一条腿瘸了。

莱莱只好慢慢地向前走，虽然很慢，但他没有停下。

有一天，当它经过一片树林时，一只树懒正瞪着双眼打量着他。

"你好！"莱莱客气地跟树懒打招呼。

"天……呀……"树懒慢慢悠悠地说，"你……跑……得……真……快！"

"我要去看老虎大王的杂技表演呢。"莱莱解释说。

"你……好……像……走……错……方……向……了……"说着，树懒用自己的手慢腾腾地朝一个方向去指去。

"没关系，请告诉我，我该朝哪边走？"莱莱说。

树懒的手还慢腾腾地在半空指着，莱莱一直耐心地在一旁等着，直到他指好方向。

"朝……东……走，不……是……向……西……走。"

"非常感谢你给我指路！"

"你……会……错……过……的……呀！"树懒说。

"没事，我会准时赶到的。"莱莱说着，重新朝另一个方向走去。

就这样，莱莱朝另一个方向又走了很多天。当莱莱穿过一片荒路时，遇见一群麻雀蹲在一棵干枯的树上。

"请问，这是去老虎王国的路吗？"莱莱停下来问路。

"你是看不上表演了。"一只麻雀说。

"为什么呀？"莱莱问。

"这事儿已经取消了，别白费劲了，还是照顾好你那条瘸腿吧！"

"我一定要上那儿去看看，我打定主意了！"莱莱固执地说。

说完，莱莱又重新上路了。就这样，莱莱又走了许多天。后来，他来到了一片茂密的森林中。

森林的中间，有一片很大的场地，这儿聚集了许多动物。

"请问，这是老虎大王要举办杂技表演的地方吗？"莱莱问一只小兔子。

"是啊，表演进入倒计时了。"小兔子高兴地说。

就在这时，老虎大王出现了，他大声说："杂技表演马上开始！"所有的动物都开始欢呼。

与莱莱期望的一样，这是一场他从来没见过的杂技表演，非常有意思。

"我说过我会看到的，我一定会赶到的。"莱莱有些疲劳，但又开心地说。

【妈妈点一点】

莱莱是一个意志坚定、乐观的小猪。在莱莱追求理想的过程中，有讥讽的言语，有热情的挽留，有不屑一顾的眼神……但莱莱都一直坚信自己会成功。虽然他的腿受了伤，但他还是凭着坚韧的意志，实现了自己的愿望。

【妈妈有办法】

怎样培养孩子乐观的性格

乐观的力量能够改变人的一生，与其给孩子财富，作为妈妈，不如耐心培养孩子乐观的性格。

方法

1. 妈妈要以积极乐观的态度教育孩子。有什么样的妈妈，也就有什么样的孩子。无论什么时候，当面对孩子，一定要表现出一副积极向上的心态。

2. 和睦的家庭气氛。一个充满了欢声笑语的家庭，也会培养出快乐的孩子；而一个充满了打骂声的家庭，只会走出自卑的孩子。

3. 教会孩子调节情绪。当孩子情绪低落时，可以让孩子听听音乐，或者出去运动运动。当孩子有了调节情绪的方法，以后他就会自己处理不良情绪了。

【互动小贴士】

和孩子一起跳绳，比如开始你的目标是跳150下，而孩子的目标是100下，然后你们以比赛的方式进行，每次三局两胜，谁达标，谁就可以获得红星奖励。这种方式一个是有你陪伴，对孩子有积极的暗示心理；另一个是以游戏的方式鼓励孩子运动，孩子会有积极的动力。

小小萤火虫

相信自己，更优秀

孩子的作业写得乱七八糟，字迹潦草，为此，老师没少批评他。你很着急，便给孩子买来了全套钢笔字帖，让他练习。刚开始，他还能每天老老实实练习几页，可一段时间过后，他开始偷懒，为了凑足页数，字写得越来越潦草。你恨铁不成钢，对他说："你真没出息，练个字都练不好，以后还有什么用？"一段时间过去，孩子不但不愿意练字了，而且还变得很自卑。

【妈妈讲一讲】

▶ 小小萤火虫

昆虫界最近要举行一场选美比赛。

瞧，蝴蝶穿上自己漂亮的裙子，翅膀一闪一闪的，真是美丽极了。

蜻蜓，也穿上绿绿的衣裳，一上一下飞舞着，格外动人。

就连蜜蜂，也身穿一身鹅黄，格外独特。

一切都已准备就绪，打扮得花枝招展的昆虫小姐们飞出了自己的家，个个信心十足……

这时，有一只萤火虫躲在房子里迟迟不肯出来，一个是她没有漂亮的衣服，二是她白天没法出门。

当她听到外面的笑声时，只能从门缝里偷偷往外看。

啊呀！她们的裙子可真美，五颜六色的，看得她眼花缭乱。

"给我们带个头吧，我们也想参加。"一只小萤火虫怯怯地说。

"是呀，是呀，我们也想参加比美大赛呀。"四周传来其他萤火虫的央求。

可是天还没有黑，她们不能出去。

选美比赛开始了，昆虫小姐们一一上台展示了自己的美丽……

眼看着比赛进行得越来越火热，萤火虫们还躲在屋里不能显身。

"我们继续耐心等待，直到我们能出去的那一刻。"萤火虫鼓足勇气说。

时间一点点过去了，就在太阳隐入山林后——

"一、二、三！起飞！"萤火虫深深地吸了一口气，大喊了一声。

于是，千千万万只萤火虫铺天盖地出现在大家面前。

"哇，好美，好漂亮呀！"大家都被惊呆了。

这些小萤火虫单独一只并不引人注意，然而当它们成千上万只出现时，形成的磅礴气势却是异常壮美和动人。

小萤火虫惊心动魄的美压倒了所有的昆虫小姐，于是，她们奇迹般地获得了选美比赛的冠军。

【妈妈点一点】

其他昆虫都有着漂亮的衣裳，也能白天在外飞翔，这让萤火虫感到很自卑，可是小萤火虫们最后还是勇敢地飞出自己的小房子，用她们的方式赢得了胜利。不管自己有多么平凡，只要相信自己，就一定能创造奇迹。

怎样让孩子相信自己很优秀

同一件事情，在不同人的眼中会有不同的观点。妈妈需要帮助孩子认识自己，了解自己，相信自己，并帮助孩子坚定自己的路。

方法

1.赏识孩子的大胆举动。当孩子有一些出格的举动时，请不要立即斥责孩子，你需要搞清事情的原因。一般来说，一些出格的举动是在表明孩子充满了好奇心和求知欲，这些使得他们渴望尝试。妈妈千万不要扼杀孩子的好奇心，因为这正好是培养孩子自信的大好契机。

2、.给孩子更多的成功体验。给孩子设置一些简单的目标，让孩子通过自己的努力去争取，孩子在获得成功的体验后，继而获得成就感。当孩子有了成就感，就会变得自信起来。

3.教孩子正确看待成败。孩子做事失败后，一定要和孩子分析失败的原因，然后鼓励孩子，激励孩子，让他正确看待失败，只要他继续努力，下次一定会做得更好。妈妈要帮助孩子形成正确的价值观，孩子才不会因为失败而看轻自己。

【互动小贴士】

　　给孩子准备一个红花奖励本子，随时记录孩子一天的表现，并及时点评。比如孩子帮忙饭后端碗，或者帮助了别的孩子，或者礼貌向大人问好等，孩子每做一件值得奖励的事，就在孩子的本子上画上一朵小红花。一个月后总结一次，看看本子上有多少朵小红花，然后对孩子进行实物奖励。

小米的理想

笑看挫折，收获丰

孩子的要求一得不到满足，就开始向你乱发脾气，哭闹不止。平时还受不了一点批评，只爱听表扬的话，一批评就不高兴。还有虚荣心强，特好面子，没有一点承受挫折的能力。让你又气又急，到底该怎么教育呢？

【妈妈讲一讲】
▼ 小米的理想

猫猫小米的理想是成为一名歌唱家。

每天清晨，小米很早就跑到院子里，开始练习唱歌。

小米除了吃饭睡觉外，其余时间都在练歌。

"小米，你唱得真好听。"小狗元元对小米说。

"你这么努力，一定会成为歌唱家的。"小鸭子飞飞对小米说。

"哇，小米，你的歌声太美啦！"小鸡叽叽对小米说。

小米快乐地对大家说："谢谢大家，我一定会好好努力的！"

学校要举行歌唱大赛了，小米也去报名参加了。

"小米，妈妈为你加油哦！"妈妈对小米说。

"妈妈，我会努力唱好的。"小米说。

前来参加歌唱比赛的选手很多，可小米一点也不怯场。

比赛开始了，大家都唱得非常动听。

轮到小米了，她也唱得非常好听。

比赛结束了，小米高兴地对妈妈说："妈妈，我唱得很好，我想，我一定会获奖的！"

然而，比赛结果公布时，小米并没有获得第一，连前三名都不是。

小米很受打击，她伤心地躲在自己的房间里，不吃饭，也不睡觉，只是一个劲儿地难过。

"孩子，妈妈给你讲个故事吧。"妈妈来到小米的房间里，对她说。

"从前啊，有一条快乐的毛毛虫，她每天都过得很快活。可是有一天，她觉得身上好疼，疼得她甚至失去了活下去的信心。这时一只蝴蝶阿姨对她说：'孩子，你可要坚持住啊，只要你坚持住了，过不了多久，你就会长出翅膀，变成像我一样美丽的蝴蝶。'毛毛虫听了蝴蝶阿姨的话，便忍着疼重新振作起来。随着日子一天天地过去，毛毛虫开始结起茧来。有一天，当她破茧而出时，有一只蚂蚁叫了起来：'啊，好漂亮的蝴蝶呀！'是的，毛毛虫变成了一只漂亮的蝴蝶。"

"妈妈，毛毛虫的故事和我的失败，有什么关系呢？"小米问。

妈妈笑着说："毛毛虫坚强地生活着，然后破茧成美丽的蝴蝶。如果你也能坚强面对失败，那么，总有一天，你也会变成美丽的蝴蝶的。"

小米明白了妈妈的话，她重新走出屋子，对妈妈说："妈妈，我现在要去唱歌了。"

小米的歌声呀，真的好动听。

【妈妈点一点】

你觉得小米是个怎样的孩子？是不是很乐观？妈妈讲了什么故事后，小米又开始振作精神，重新唱歌了？人的一生不会一帆风顺，遇到挫折，就需要收拾好心情，重新上路。就像小米这样，继续为了自己的梦想而努力，相信自己一定会成为歌唱家。

【妈妈有办法】

怎样才能让孩子正确面对挫折

一位美国儿童心理专家说过："童年十分幸福的人常有不幸的成年。"这是因为孩子在童年时期被家人保护得太好，没有遭受挫折的机会，导致孩子长大后面对挫折时，却因无法适应而痛苦不堪。孩子的成长过程中需要挫折，只要引导孩子正确面对，孩子抗挫折的能力便会越来越强。

方法

1. 不要过多干涉孩子的行为。不要怕孩子做不了，或者犯错，就去代劳或者去保护，这样过多地干涉孩子，不但会让孩子做事半途而废，还会让他形成严重的依赖心理。一遇到困难，就只会求助，这对孩子的健康成长造成了严重的影响。

2. 引导孩子正确认识挫折。当孩子遭遇挫折时，要和孩子一起分析问题所在，对挫折形成完整认识后，然后教给孩子一些解决问题的方法，当孩子认识到了失败的原因后，痛苦度就会降低，内心就不会那么害怕失败了。

3. 培养孩子心理承受力。内心脆弱的孩子，一受到打击，便难以接受，妈妈除了合理引导并安抚孩子的情绪后，还需要在平时生活中，对孩子有意识地进行一些"挫折教育"，以提高孩子的心理承受能力。

【互动小贴士】

给孩子创造挑战情境。比如，让孩子周末为家里去买菜，或者把自己不需要的玩具赠送和交换给其他小朋友等，在没有妈妈帮助的情况下，让孩子感受真实的社会环境。可以根据孩子的适应情况，然后适当降低或增加难度。

变来变去的麻雀

不自卑，要乐观

一群孩子在玩拍皮球，很多孩子都在展示拍球的技能，而你的孩子却站在角落里远远地看着。你鼓励他过去和大家一起玩，孩子却说："我不会。"另一个孩子听到了也说："他不会。"于是孩子的头低得更厉害了，便再也没有和别的小朋友一起玩过拍皮球。

【妈妈讲一讲】
变来变去的麻雀

"叽叽叽……"一群麻雀在地上争着吃虫子，一群鸡咯咯叫着跑过来，把麻雀们赶跑了。

有一只小麻雀，缩在树的一角发抖。她的身子小小的，翅膀小小的，就连眼睛也小小的。

"我实在太小了，我太害怕鸡了。"小麻雀对另一只麻雀说。

"如果你真的想要变强大，我听说在南山下，有一个山洞，只要从它的一个洞口进去，再从另一头的洞口出来，在钻出时说出自己的愿望，你就能愿望成真。"这只麻雀对她说。

小麻雀听了，赶紧扇着小小的翅膀向南山飞去。南山下，真的有一个山洞，洞里看着黑漆漆一片。

小麻雀刚飞进去时还有些害怕，但为了实现愿望，她还是继续闯了进去。

"我想要做一只鸡！"麻雀边往前飞，边喊道。

随着麻雀飞出另一头的洞口，她真的变成了一只大母鸡。

大母鸡长着有力的翅膀，眼睛闪着光，咯咯地叫着，看上去和别的母鸡并没有什么两样。

变成大母鸡的麻雀伸出爪子看了一下，尖尖的很锋利，足以抓死任何一只麻雀。

这只大母鸡快活地跑着跳着，还咯咯叫着，见到飞下来吃虫子的麻雀就开始一通抓。

抓着抓着，这时，一只猫跳出来了，一见到她就连抓带咬，没一会儿，翅膀的毛就被她抓掉了几根，连脖子上也被咬伤了。

这只大母鸡狼狈地逃跑着，一直跑啊跑，跑到了南山洞里。

"我要变成猫！"她一边在洞里跑着，一边咯咯叫着。

当大母鸡从山洞的另一个洞口出来时，她已经变成了一只猫。

变成猫的小麻雀很是威风凛凛，一边喵喵叫着，一边快活地跳跃着。

就在她对着水潭欣赏自己的新面貌时，一只狗汪汪叫着跳了出来。

猫吓得叫了一声赶紧跑，可她哪里跑得过狗呢，就在她进山洞前，她的尾巴被狗咬掉了半截，余下的那截血淋淋地耷拉着。

"我要变成雄鹰！"变成猫的小麻雀在山洞里一边跑一边说。

她真的又变成了一只老鹰。

"好了，这下没有什么好怕的了，谁也没我强。"

变成老鹰的麻雀，看到地面上有一群麻雀在抢食，于是飞快地飞下去，去捉麻雀吃。

可能她太得意了，或者太兴奋了，连嚼都没有嚼，就吞咽了小麻雀。

忽然，她的喉咙被塞住了，翻着白眼在空中乱飞。

没一会儿，老鹰就往地面坠去。最后，死在了小麻雀手里。

【妈妈点一点】

小麻雀为什么要变来变去呢？是不是因为觉得自己不够强大？应当说是的，她心里很自卑，所以想变成更凶猛的动物，以掩盖内心的自卑。其实，真的不必自卑，每个人都有自己的缺点，但也有优点，只要发挥出自身的优势，快乐地做自己就好。

【妈妈有办法】

怎样改变孩子的自卑心理

当孩子产生自卑心理时，只要遇到困难或着挫折时，他们就会以消极的姿态来对待，失去了奋斗的勇气。如果不能及时改变孩子的自卑心理，孩子身心的发展将会受到严重的束缚，聪明才智也无法得到正常发挥。

方法

1. 不要经常性地训斥孩子。妈妈需要控制脾气，对孩子多一些鼓励，少一些批评，因为内心再强大的孩子，也会被长期的训斥骂得没了信心。请一定要减少负面语言，让孩子远离自卑。

2. 不要老拿孩子与其他孩子作比较。大多父母喜欢说别人家孩子的优点，当面说别人家的孩子有多优秀，这种举动会严重扰乱孩子的内心，让孩子觉得自己一身缺点，毫无自信，一旦伤害了孩子的自尊心，很容易导致孩子破罐子破摔。

3. 让孩子做一些力所能及的事。自卑心太强的孩子，总是下意识觉得自己不管做什么事都做不好，怕别人笑话，也怕出错，总是低估自己的能力。作为妈妈，就要给孩子提供机会，让孩子做一些力所能及的事情，当孩子做成功了，他的自信心也会越来越足。

【互动小贴士】

在家里贴上一些小标语，确保孩子每天都能看到。比如："相信自己""你能行"等给孩子打气的标语。帮助孩子制订目标，把大目标进行分解，分解成若干个小目标，做到一学期、一个月，甚至一个星期都有目标可寻。当目标变得小而具体时，孩子就易于实现，这样一来孩子会拥有成功感，自卑心理就会慢慢消失。

法兰王子去喂牛

积极自强，很独立

孩子像温室里的花朵，不管做什么事都要征求你的意见，你告诉孩子要自强自立，孩子却说害怕出错。你反省了自己的教育方式，为什么孩子依赖性这么强，归根结底在于自己对孩子所有的事情都包办代替。

【妈妈讲一讲】

▌法兰王子去喂牛

法兰是富富国的王子。

身为王子，法兰有很多其他小孩没有的东西，而且，他还有很多仆人陪他玩。

"法兰，你可是世界上最幸福的小孩，你将来还要当国王呢。"法兰的妈妈，富富国的王后总对法兰说。

可是法兰并不觉得自己有多幸福，他觉得天上的小鸟都比自己快活多了。

一天早晨，当法兰望着小鸟在窗外叽叽喳喳地鸣叫时，他突然从床上跳起来，大声喊道："我不想当什么王子了，真的好无聊呀！"

法兰王子摘下自己的王冠，一把就给扔到了窗外的池子里。

仆人迅速报告了法兰的父王。富富国国王跑来命令法兰说："太不像话了，赶紧去把王冠捞上来！"

法兰叫道："我才不呢！我再也不想当王子了！王子还不如小鸟呢，什么好玩的事情都不能做！"

富富国国王听了，气得胡子不停地抖，他对士兵说："哼，真是身在福中不知福，给我把他带到牛圈去！"

于是，法兰王子被送到了牛圈里，并让他在牛圈干活儿。

你以为法兰王子怕了吗？不，他才不怕呢，他觉得清理牛圈是一件好玩的事。

你瞧，他刚呼味呼味地清理完牛圈，小牛们就都跑过来围着他，还用粉嘟嘟的鼻子轻轻地拱他，以表示感谢。

几天后，他的父王来看他，并对他说："法兰，看你脏兮兮的样子，现在怕了吧？只要你现在把你的王冠从池子里捞上来，我就带你离开这儿，你继续做什么事也不用干的王子。"

"我才不稀罕当王子呢！"法兰喊道，"我更喜欢清理牛圈，还喜欢这些小牛！"

国王听了，气呼呼地走了。可是到了晚上，他睡不着了，因为他不停地在想吃苦的法兰，为什么看上去那么开心。

第二天早上，国王把法兰的王冠打捞上来，然后，他又去找法兰。

国王问还在清理牛圈的法兰："干活儿这么辛苦，这里的味道也不好，你浑身还脏兮兮的，可你为什么看上去那么开心？"

"是的，父王！"法兰开心地说，"我觉得自己很快乐，这里一点也不无聊，真的很有趣！"

"好吧。"国王叹了口气说，"这是你的王冠，你想当王子的时候就当王子，你想清理牛圈你就清理吧。记住，我和你母后都很爱你。"

"父王，下次我去摘菜时，"法兰说，"你要和我一起去吗？我们可以一起做菜吃。"

"我不知道。"国王说，"不过，我可以试着去做菜。"

国王亲了亲儿子脏兮兮的脸颊，法兰王子也亲了亲父王的鼻头，然后国王离开了，法兰继续清理牛圈，并和小牛们玩。

后来，国王真的和法兰王子去菜园摘菜了，他们还一起做了一顿还不算太糟糕的饭菜。

【妈妈点一点】

法兰王子是一位很有趣的王子，是不是？他想要自强，想要独立，因为只有这样，他才能获得真正的快乐。当妈妈要帮你做时，你一定要对她说："我自己的事自己来做，因为我想要变得更加快乐。"相信妈妈会为你的这句话而感到开心，这可是你自强的第一步哦。

【妈妈有办法】

怎样培养孩子的自强精神

妈妈总是担心孩子吃不了苦，受不了罪，凡事帮他们解决，就怕孩子经不起风吹雨打。这样被保护得无微不至的孩子，又如何能自强？总有一天，他们要离开妈妈的怀抱，迟早要接受生活的洗礼，不如早些让孩子进行磨砺，跌倒了，摔跤了，他们就会慢慢变得自强起来。

方法

1. 让孩子树立奋斗的目标。孩子没有目标，很难有远大理想。妈妈可以根据孩子的实际情况，制订一些小目标，只要孩子能够做到，就多鼓励孩子，然后将目标再加强一下，鼓励孩子努力去达标。慢慢地，孩子以后做事，就会懂得给自己制订目标并努力完成。

2. 给孩子安排家务劳动。不能让学习成为孩子的唯一，从而忽略了劳动。不懂得劳动的孩子，是不懂得感恩和理解他人的。将学习和劳动劳逸结合，孩子才会努力学习，才会懂得承担责任。

3. 带着孩子尝试小小的冒险。很多孩子多多少少是有些冒险心理的，在安全的范围内，带孩子一起进行小小的冒险，会造就孩子强大的内心。相比于小磕小碰来说，内心强大对于未来更加重要。

【互动小贴士】

让孩子打扫客厅，告诉孩子那是他的"责任田"，他可以按照自己的想法收拾客厅，摆放东西。当孩子拥有了一定的自主权，行动意愿就会增强。

梦想的价值

能坚持，则事成

孩子从小班就开始报舞蹈班了，练基本功时，孩子因为压腿引起的疼痛，不愿再去上课。你好说歹说，孩子就是不想去。你又给孩子报了画画班，随着画画难度的提高，孩子又没兴趣了，因为她画不好。面对这样的情况，你不知道怎样才能让孩子坚持下来。

【妈妈讲一讲】
▼ 梦想的价值

在一所破房子里，住着一个小男孩。

小男孩有七个兄弟姐妹，他是其中学习最差的一个。

有一天，小男孩看到介绍高尔夫运动员尼克劳斯的电视节目时，他的心一下子被打动了，他对自己说："我也要像尼克劳斯一样，当一名职业运动员！"

小男孩请求爸爸给他买高尔夫球和球杆。

"孩子，我们家玩不起高尔夫球，那是富人们玩的。"爸爸对他说。

小男孩子坚持要，爸爸还是不同意。

"我相信他，他一定会成为优秀的高尔夫球手。"妈妈抱着他，对爸爸说。

"儿子，等你成为职业高尔夫球手后，就给妈妈买栋别墅，好吗？"妈妈对小男孩说。

小男孩睁大眼睛，使劲儿点了点头。

由于家里没钱购买球杆，爸爸就给小男孩做了一根，然后在家门口的空地上挖了几个洞，他每天都用捡来的球练习。

就这样，小男孩慢慢长大了，他上了中学。

上了中学的男孩，遇到了改变他一生的体育老师。

体育老师发现了男孩在高尔夫方面的天赋，于是建议他到高尔夫球俱乐部去练球，并帮他支付了 1/3 的学费。

三个月后，男孩成了城市少年高尔夫球的冠军。

男孩高中毕业后，幸运地被知名大学录取了。

假期，同学说自己的哥哥所在的旅游公司正在招服务生，薪水很高，问男孩是否有意去应聘。

男孩动心了，因为家里很穷，他想赚钱贴补家用。

就在这时，体育老师来了，他帮男孩联系到了一家高尔夫球俱乐部，准备带男孩去面试。

"可我想要去工作。"男孩不好意思地告诉老师。

"你的梦想是什么？孩子。"老师问他。

"当一名高尔夫球运动员，挣很多钱，给妈妈买一栋漂亮的别墅。"男孩愣了好久，才红着脸说。

"你现在就去工作，那么，你的梦想呢？不错，你马上就可以每周挣到几十块钱，很了不起，但是，你的梦想就只值这些钱吗？"老师问。

男孩被老师的话震惊了，他呆呆地坐在屋子里，心里反复默念着老师的话。

最终，男孩选择了继续训练。三年后，男孩成了一名职业高尔夫球手。

后来，男孩还创造了高尔夫球的神话：成为世界排名第一的高尔夫球手，他也实现了当初的诺言，给妈妈买了 6 栋别墅。

【妈妈点一点】

孩子，一个人应该尽自己最大的努力，挖掘自己所有的潜力来实现自己的梦想。努力可能会失败，但放弃则意味着永远不可能成功。请试着像这个小男孩一样，为了梦想奔跑，也许有一天，你也能为自己的妈妈买 6 栋别墅。

【妈妈有办法】

怎样帮助孩子实现梦想

梦想对于孩子来说，有着无穷的魅力，它对孩子的成长和以后的长远发展，有着非常大的激励和推动作用。帮助孩子树立梦想，促进孩子努力完成，是妈妈们应有的责任。

方法

1. 经常与孩子一起谈论梦想。平时可以对孩子说一下你的梦想是什么，然后让孩子说一说他的梦想。告诉孩子你想要怎样努力完成你的梦想，然后激励孩子努力追求梦想，无论梦想高远还是平凡，你都会支持他。鼓励孩子和你一起向自己的梦想奋进。

2. 引导孩子从小事做起。梦想应当有，但梦想都是通过完成一件小事而达成的，只要努力把一件件小事认真做好，那么梦想有一天也会成为现实，告诉孩子千万不要好高骛远，因为梦想是不可能一步登天的，只有日积月累，才能达成。

3. 鼓励孩子坚持到底。当孩子不能坚持时，就要用一些名人的事例或者故事告诉孩子，实现梦想可能要用一生的时间，在实现梦想的这个过程中，会遇到很多困难和挫折，只要他能坚持到底，不轻言放弃，最终会成为胜利者。

【互动小贴士】

和孩子一起制作"梦想"奖。设置阶段性的梦想，只要孩子达成一个阶段的梦想，就给孩子一定的奖励。还可以和孩子一起画梦想曲线图，挂在孩子随时能看得到的地方，继续提醒和激励孩子向梦想进发。

行动

行动决定孩子的成就

妈妈的陪伴
从讲故事开始

袋鼠妈妈有个袋袋

有想法，须行动

　　孩子放学回到家，书包一扔，刚想跑出去玩，你赶紧说："做完作业再去玩！"孩子却答："我玩一会儿就做！"说完瞬间在你面前消失了。你等了又等，天已经很晚了，孩子还没有回来。你在楼下找到孩子，一巴掌就拍了上去，拎着孩子回家写作业。你以为这样就结束了吗？当然没有……孩子的思想还停留在刚才的游戏上，眼神飘忽不定，一边咬着铅笔头一边傻乐。

【妈妈讲一讲】
袋鼠妈妈有个袋袋

　　"袋鼠妈妈有个袋袋，袋袋里面有个乖乖，乖乖和妈妈相亲相爱……"
　　在很久以前，袋鼠妈妈和大家一样，身上是没有这个袋袋的，可是为什么后来会有这个袋袋呢？听我给你讲一段故事：
　　有一家袋鼠，是个三口之家，哦，不，他们快要成为四口之家了。这一家子，爸爸很勤劳，孩子皮皮很喜欢动脑，妈妈呢，却丢三落四的，常常健忘。
　　皮皮很喜欢自己的家，唯一让他烦恼的是妈妈，妈妈每天都会忘记一些东西，经常搞得他和爸爸哭笑不得。

有一次，妈妈把皮皮的袜子煮进了锅里，那锅汤的味道真是怪极了。

又有一次，妈妈把皮皮的书包当垃圾扔出了门外。

爸爸说，皮皮小时候，妈妈把皮皮放在炉火前，差点被火烧伤了手。

他们搬家的时候，皮皮差点被妈妈丢掉，因为妈妈把枕头当成皮皮抱走了，皮皮却被扔在了门后面……

哎呀，这下可怎么办呢？妈妈现在肚子里怀着小宝宝，如果小宝宝被她给忘记了，就惨了。

皮皮走来走去，想啊想，想得头都要大了，总算被他想出办法来了。

"对，就这么办，妈妈生下小宝宝，我要用布条把小宝宝绑在妈妈的身上，这样他就不会丢了。"

没多久，妈妈给皮皮生下了一个小弟弟。皮皮拿来一条布，把弟弟绑在妈妈身上。

妈妈看着皮皮的举动，很生气。

"妈妈，我这样做是为了弟弟不被你忘掉。"皮皮说。

妈妈一直也为自己的丢三落四而苦恼，她也怕自己丢掉孩子，于是同意了皮皮的做法。

皮皮的办法还真不赖，妈妈走到哪里，小弟弟绑在妈妈身上就带到哪里。

可是没过多久，弟弟丢了！原来布条断了，弟弟不知道被丢到哪里去了。

全家人分头寻找，却怎么也找不到小弟弟。妈妈自己也想不起来，她伤心得直抹眼泪。

后来，他们总算找到了弟弟，原来弟弟被丢在一堆干草里，正在呼呼大睡。

这样也能被丢掉，该怎么办呢？

后来妈妈说："我会好好想办法的，你们别担心了。"

原来妈妈为了不把宝宝再丢掉，她把布缝在了自己的肚子上，成了一个大口袋。她要把宝宝放在这个口袋里，宝宝就不会再丢了。

皮皮既感动，又难过，他呜呜直哭，妈妈真的好伟大。

现在你知道袋鼠妈妈身上为什么会有个袋袋了，是因为她不想丢掉自己的宝宝。当然，后来她真的没有再丢过宝宝了。

【妈妈点一点】

看到妈妈那样健忘，皮皮很发愁，后来他想了一个好办法，接着付诸行动。如果是你，想到了什么事情，是不是立即去做，而不是想着想着就放弃了？还有袋鼠妈妈行动力也很强哦，为了孩子，把自己肚子上缝上了大口袋，来解决自己健忘的问题。

【妈妈有办法】

怎样让孩子养成立即行动的习惯

孩子往往想着想着，却不去把想法付诸行动，这样的习惯不但会消磨孩子的意志力和进取心，还会让孩子变得懒惰、颓废、得过且过，导致做事无法成功，更谈不上成就感。怎样才能帮助孩子养成立即行动的习惯呢？你不妨采取以下办法：

方法

1. 帮孩子养成高效率的习惯。孩子大多没有时间观念，想要养成做事高效率的习惯，必须让他严格控制时间，而不是无休止地拖延。比如当孩子做作业或者家务时，要限定时间，这样孩子做事效率也会得到提高。而且必须督促孩子完成当天的任务，形成今日事今日毕的习惯。

2. 提高孩子的行动力。当事情一有难度，孩子就会心怯，这时妈妈就要想办法激励孩子去行动，哪怕是走出一小步，也要给予鼓励，当孩子有了小小的成功时，他的自信心也会越来越强，做事的效率也会越来越高。

3. 把幻想付诸现实。孩子喜欢想象，动手力却很差。这时妈妈就要做一个引导者，鼓励孩子去实现自己的想法，当孩子把自己的想象变为现实后，孩子在以后的做事中，就不会只想而不去行动了。

【互动小贴士】

和孩子一起比赛。你可以针对孩子的情况，帮他们设计一张成绩表，然后跟孩子一起比赛，记录一下每件任务的完成时间。通过相互比较，增强孩子的积极性。当然，妈妈一定要让着孩子，否则会削弱他们的积极性。

我们的皮球

多动脑，事则成

　　为了培养孩子的思考能力，你经常给孩子讲故事，想借此激发他多动脑筋。讲故事时，你每次都是把故事的开头和过程讲得特别详细，但不讲结局，目的是让孩子自己发挥想象，设计结尾。通过这样的趣味练习，孩子变得思路开阔了，甚至可以自己编故事讲给你听了。

【妈妈讲一讲】

我们的皮球

　　狗妈妈带回来一只皮球，三只小狗都争着要：

　　"我要！"

　　"给我！"

　　"那是我的！"

　　一个比一个喊得响、争得凶，跑在最前面的小狗抓过了皮球，于是这个来夺，那个来抢，闹成了一团。

　　皮球从他们的手里滚了出去，三只小狗追着皮球跑。

　　皮球滚啊滚，从山坡上滚了下去，一直滚到一个洞口。

　　三只小狗追过去，一起去抱皮球。

　　突然，从坑里钻出来一只好大的狐狸，狐狸挡住小狗们的路，用尖嗓子说："不许你们到这儿来，快走开！"

三只小狗被吓得从坡上骨碌碌滚下山去，掉进了一个泥坑里。

他们爬起来，你看看我，我看看你，哎呀，大家都变成了难看的小泥狗。

"不行！我们得把皮球要回来。"一只小狗气呼呼地说。

"对，皮球是我们的！"另两只小狗也气呼呼地说。

于是，三只小狗重新爬上山，走到那个洞前。

他们几个寻思了一下，如果直接去找狐狸要，他肯定不给，必须想一个办法。

于是，他们爬上树，抱住树枝，把尾巴从树枝后面和侧面露出，树杈中间则露出一个狗头。

"呀，怪物来了！"大狐狸没见过这种东西，被吓跑了。

"哈哈哈！大狐狸逃跑了！"三只小狗跑到洞口，拿到了皮球。

然后，他们高高兴兴地回家去了。

【妈妈点一点】

三只小狗想要从狐狸那里要回皮球，他们该怎么办呢？三只小狗开动脑筋想办法，他们想到了什么好办法，吓跑了大狐狸，要回了自己的皮球？如果他们不动脑筋也不勇敢，只会为失去皮球而哭鼻子，那他们的皮球可是真的要不回来啦。

【妈妈有办法】
怎样让孩子养成爱动脑筋的习惯

动脑筋是孩子认识世界的方式之一，让孩子遇事时，多思考，多想出解决问题的办法，孩子的思考能力就会越来越强。

方法

1. 为孩子选择大朋友。大一点的孩子知识丰富，经验也多，让孩子和他们在一起玩耍，孩子可以从中学习到很多东西，加上大孩子动手能力强，孩子不但能动脑，还能锻炼动手能力。

2. 培养孩子动脑筋的兴趣。越小的孩子，越喜欢问"为什么"，妈妈一定不要因为孩子的问题太多或者幼稚，而不耐烦，否则会导致孩子对很多事物失去兴趣和懒以动脑。妈妈除了耐心解答孩子的问题外，还要适时提问，以激发孩子对事物的兴趣。

3. 给孩子选择课外读物。喜欢阅读的孩子，更容易动脑。妈妈需要从小培养孩子的阅读习惯，各类课外书都需要给孩子买一些，除了扩展孩子的阅读知识面，还可以从中发现孩子的兴趣点，然后予以重点培养。

【互动小贴士】

给孩子讲故事，留出悬念，引导孩子展开想象与思考，让他在听故事的过程中养成思考的习惯。还可以带孩子到大自然、社会中去感受生活，拓宽生活空间。可以边观察边提出一些问题，引导孩子观察季节的变化，观察动植物的特征，耐心解答孩子提出的一些问题。

世界很大，我要去看看

有志者，事竟成

孩子学习不好，其他方面也表现平平，最喜欢看电视和打游戏，没有其他孩子的朝气和活力，做事情也从来没有计划和目标，稍有困难就会退缩。你希望孩子能有进取心，有自己的想法和愿望，可是孩子还是一副懒洋洋的状态。怎样才能让孩子拥有志向呢？你也搞不明白。

【妈妈讲一讲】
世界很大，我要去看看

从前，狗跟老鼠住在洞里，他们是邻居。

"听说外面的世界很大，我想去看看。"狗对老鼠说。

"我才不去呢，现在的生活很好，难道你不知足吗？"老鼠过惯了舒服日子，听到狗的打算，觉得很奇怪，"你要到外边去干什么？外面又有什么好的？待在洞里多安全呀，何必自找苦吃呢？"

可是狗不想一直待在黑黑的洞里，它下定决心，想要出去看看。为了作准备，他决定先锻炼长跑。

当他把这个决定告诉老鼠以后，老鼠却吃惊地叫道：

"什么？锻炼长跑？你也不嫌累！"

第二天，当老鼠还在洞里睡觉时，狗就冒着寒风在原野上奔跑了。

当黄昏来临的时候，躲在洞里吃谷子的老鼠，见到一瘸一拐的狗，就叫道："天呀，瞧瞧你这个样子，长跑可不是谁都能跑的，好好的日子不过，非要自找苦吃！"

虽然很累，但是狗仍然坚持锻炼。

没过多久，狗就可以轻轻松松地跑很长的路了。

这一天，狗把自己要帮人看护羊群的计划告诉了老鼠，老鼠又吃惊地叫道：

"什么？偷些谷子吃不就可以了？帮人看护羊群换吃的，你是不是傻呀？你会被狼咬死的！"

第二天，星星还在夜空中眨着眼，狗已经顶着风到牧场看护羊群了。

当夜幕降临的时候，在家里趴着吃谷子的老鼠，看到遍体鳞伤的狗就说：

"天呀，瞧瞧你这个样子，准是被狼咬了吧？不是劝过你了吗？好好的日子不过，为什么要去自找苦吃呢？"

但是狗仍然天天去看护羊群，他跑得越来越快，把羊群看护得也越来越好，有一天，他还勇敢地赶跑了狼，获得了人给他的奖赏。

狗现在不但跑得快了，还很强壮了，最主要的是他不用像以前那样小偷小摸地为自己弄吃的，他现在可以以自己的能力光明正大地赚到更好的。

为了想去外面的世界看看，狗的准备工作已就绪了，他信心百倍，整装待发。

这天，旭日东升，狗就奔向了草原，跑过大山，后来，他还跑到了城市。狗看到了很多过去他不曾见过的事物，真的是大开了眼界。

几个月后，当他回到家中时，老鼠仍然躲在洞里不是吃就是睡大觉。

老鼠看到风尘仆仆远道而归的狗时，说道："那么累干什么呀？看你又累又瘦的样子，外面再好我也不想出去，还不如在家里睡大觉呢！"

然而，狗心中的喜悦和希望，老鼠又怎么能理解呢？没过多久，狗就搬出了洞，他去了更光亮的地方，做着更光亮的事。隔一段时间，他就会远行一次。

【妈妈点一点】

你喜欢没有进取心的老鼠呢，还是喜欢到处去看看的狗呢？你觉得谁的世界更精彩？充满希望和进取心的人，获得的快乐会更多哦。

【妈妈有办法】

怎样帮助孩子树立志向

没有远大志向的孩子，注定一生碌碌无为。而一个有着崇高目标的孩子，他的心里会有一盏指路明灯，他会自己去努力追求，他的一生也会变得丰富而饱满。如何才能让孩子变得有志向呢？请参考以下方法：

方法

1. 帮助孩子树立适合自己的志向。了解孩子的兴趣点，挖掘孩子的亮点，然后根据孩子擅长的领域确立目标，帮助孩子去实现。切忌把自己的意愿强加给孩子，这不但会让孩子感到痛苦，还很容易抹杀孩子的兴趣。

2. 培养孩子独立生活的能力。越独立的孩子，越容易自己树立志向。想要培养孩子的独立性，妈妈需要做的是，不要凡事包办，也不能无条件地满足孩子的要求，可以鼓励孩子自己去争取想要的东西。同时，要鼓励孩子多去参加社团活动，提早适应社会生活，形成独立的思考能力，确立人生目标。

3. 帮助孩子树立小目标。孩子还小，大的目标很难完成，妈妈需要根据孩子的情况，帮助孩子先树立小目标，让孩子一点点完成。当孩子有了信心，对自己的目标也比较明确的情况下，妈妈可以将大目标分成若干个小目标，鼓励孩子去完成，并及时给予孩子鼓励。

【互动小贴士】

和孩子讨论他的梦想和愿望，并让孩子在纸上写出他的这些梦想。然后和孩子一起分析他的每一个梦想，哪些是他有能力实现的，哪些是无法实现的。让孩子用气泡图的方式在梦想上注明，完成这个梦想，都需要做什么，大概多少时间去完成。还可以让孩子把大的目标一层一层分解成小目标，给小目标做计划。这样做，可以让孩子对自己的梦想有一个清楚的认知，然后一步步有计划地去进行。

大公鸡踩高跷

爱探索，获成就

"妈妈，人是由猴子变来的，对吗？"孩子问你。

"我不知道是否完全对，不过达尔文的理论是有道理的。"

"可是既然人是由猴子变的，那么为什么现在人是人，猴子仍然是猴子？"孩子问。

"你没有看见书是这样写的吗？猴子之中的一群进化成了人类，而另一群却没有得到进化，所以它们仍然是猴子。"你说道。

"这好像有问题。"孩子怀疑地说。

"什么问题？"

"既然是进化论，那么猴子们都应该进化，而不光是只有一群进化。"

"为什么这样说？"

"我觉得另一群猴子也应该得到进化，变成一群能够上树的人……"孩子说。

【妈妈讲一讲】

大公鸡踩高跷

早晨，小狗和小猫去森林里散步。

一阵怪声传来，打破了寂静。

"这是什么声音呀？"小猫问小狗。

"不知道呀，咦，这是什么印子？"小狗边问边往地上瞧。

草地上有一些小小的圆印子，很密地聚集在一起，一直向森林里延伸过去。

"我昨天早上还看到过这些印子呢！"正在跑步的小羊说。

"这么小，是不是公鸡的脚印？"小猫猜测道。

"不可能！公鸡的脚印应当有爪印啊！"小羊停下来说道。

"有谁的脚印是圆圆的呢？"小猫问。

"看起来，不像是我们动物的脚印啊！"小狗子分析道。

就在它们研究那些印子时，从远处又传来一串怪声。

"会不是怪兽？"小猫紧张地说，"我们赶紧跑吧。"

"看这些印子，应当比我的体重轻。还有那声音，听不出来是什么声音，会是什么怪物呢？"小羊说。

听了小羊的话，大家有些恐慌起来。

"走，我们去看看到底是谁！"小狗说着就往前走。

可是小伙伴们都连连后退说："我们不要去！"

"我可不想被怪兽给吃掉。"小羊说。

看着大家害怕的样子，小狗说："那我就自己去看一看吧！"

"你还是别去了，跟我们一起回家吧！"无论大家如何劝告小狗，小狗还是勇敢地沿着串串印子往森林深处走去。

这些印子的确奇怪，同伴里绝对没有这么小这么圆的脚掌。

小狗一边想一边小心翼翼地往里走。走着走着，从一片树林后传来怪声。

小狗吓了一跳。他连忙躲到一棵大树后面，探出头看。这一看，他便哈哈大笑起来。

只见大公鸡一手拿着一只海螺吹着，脚上踩着高跷，在一片空地上摇摇晃晃地踩着舞步。他的动作滑稽又笨拙！

大公鸡一看到小狗，连忙摇摇晃晃走到一棵树前靠着身子。

他一边擦着头上的汗一边笑着说："我看起来是不是很好笑？不过我才不在乎呢，我想要学好这些，表演给我的小鸡宝宝看，谁说大公鸡不能吹海螺，不能走高跷？只要有想法，就敢去尝试！"

"大家还以为这里来了一只怪兽呢，哈哈……"小狗笑着说。

"这些小家伙太胆小了！不过，你最好帮我保密哦！我还想给宝宝们惊喜呢。天没亮我就跑来练习，结果还是被你发现了。"

"放心吧！你好好练习，我谁也不会告诉的。"小狗笑呵呵地说。

【妈妈点一点】

有探索精神的人，是善于挑战的，他们比没有探索精神的人更有勇气和智慧。瞧，最后小狗发现的并不是什么怪物，而是准备给宝宝们惊喜的大公鸡。

【妈妈有办法】
怎样培养孩子的探索精神

当孩子多问你为什么时，一定不要厌烦，要尽可能地满足孩子的求知欲望。

方法

1. 耐心回答孩子的问题。当孩子提出问题时，你一定要耐心回答，即使你无法回答，也得跟孩子一起，试着通过书籍和网络找出答案。

2. 尊重孩子的判断。即使孩子判断有误，也不要笑话孩子，妈妈要学会欣赏孩子，引导孩子，这样孩子才能积极探索问题，找出正确答案。

3. 多带孩子外出活动。当孩子接触到了不同的新鲜事物与环境，孩子的思维会被激活，会被打开，他的探索精神也会产生，一直到满足求知欲望。

【互动小贴士】

和孩子一起玩磁力棒，看谁的"发明"更有趣，可以按分类进行拼磁力棒，比如拼餐具类，让孩子极尽所能地拼出他能拼出的餐具等。孩子在此类的游戏中，会不断思考和探索。

找啊找工作

能吃苦，人上人

孩子一直由爷爷奶奶带着，有些娇惯。衣服让帮着穿，饭要让人喂，一摔倒就趴在地上哇哇哭，遇到一点儿困难就退缩……懒惰，吃苦能力差。怎样才能改变孩子的这一问题？你不断地在寻求方法。

【妈妈讲一讲】
找啊找工作

小猪和妈妈吵架，离家出走了。

在外面不比在家里，有吃有喝，小猪只好到处找工作。

找呀找，走进一家面馆。

"我们需要一名洗碗工。"兔子店长说。

"洗碗？太脏了，时间长了，手都难看了，这个工作我才不干呢！"小猪一边想一边走出了店门。

小猪来到大街上，继续找呀找，最后他来到一家水果店。

"我们需要一位搬货员。"小猴店长说。

"搬货员？活儿太重了吧，会把我压成驼背的，我才不干呢！"小猪一边想一边走出了店门。

小猪来到大街上，找呀找，又看到一家送报店。

"我们需要一名送报纸工。"山羊经理说。

"送报纸？每天天不亮就要起床，这可不行，我还要美美地睡觉呢！"小猪想着就走出了送报店。

接着，小猪又去找了好多工作，不是觉得太累就是觉得待遇不好。挑来捡去的小猪一份工作也没有找到，他只好灰溜溜地回家了。直到现在，他还天天躺在家里说自己要去工作呢。

【妈妈点一点】

小猪总共找了几份工作？这些工作都是因为什么原因，小猪不去干？你觉得像这样的小猪，最后能找到工作吗？如果不工作，他的结果是什么样的？如果你是小猪的好朋友，请动动脑筋，想想用什么话去劝劝小猪，让他愿意接受那些工作？

【妈妈有办法】

怎样培养孩子的吃苦精神

由于家庭生活水平的提高，娇生惯养的孩子越来越多，吃苦的机会也越来越少，没了吃苦精神，孩子也越来越懒惰。温室里的孩子总有一天要经历风雨，到那时，他们有承受生活的能力吗？所以，培养孩子的吃苦精神尤为重要。

方法

1. 鼓励孩子多劳动。孩子除了学习，也需要进行家务劳动。这样不但能锻炼孩子的吃苦精神，还能让他学会珍惜。除了做家务外，也可以带孩子外出参加公益劳动，或者帮助其他小朋友做事，当孩子从中获得成就感后，他就更愿意劳动了。

2. 适当控制孩子的需求。不要满足孩子的所有需求，如果孩子想要什么东西，可以让他自己努力争取，比如通过做家务赚零花钱，攒钱去购买。

3. 让孩子经受一点失败和委屈。有的妈妈不愿看到孩子失败，总是想尽办法让孩子赢，这样做对孩子的成长没有好处。其实作为父母，有时让孩子体验失败的滋味未尝不是一件好事，可借机培养孩子克服困难的勇气。

【互动小贴士】

给孩子在家里制订规矩。按条注明：按时起床，起床后整理床铺，打扫房间；吃饭时要端菜，饭后清理餐桌，并洗碗；做作业要专注，做完一项休息五分钟，做完后要整理书包和桌面。每条要写清楚，某项干完，就在后面打钩，以监督孩子的这些行为习惯。当然规矩要根据孩子的年龄和能力进行布置，明确、合理的规矩有利于培养孩子守规矩的意识，可以约束和帮助孩子形成良好的行为习惯。

交际

交际让孩子变得幸福

妈妈的陪伴
从讲故事开始

懂得倾听的小兔子

能倾听，有风度

　　孩子活泼可爱，同学和老师都非常喜欢他。但孩子有一个毛病，上课时，经常不等老师把话说完就抢着说，回答问题总是答非所问。其他同学回答问题时，他又从不注意听。在与小伙伴交流时，孩子总喜欢滔滔不绝地发表自己的见解，不善于接受别人的意见。慢慢地，同学们不再像以前那么喜欢他了。

【妈妈讲一讲】
懂得倾听的小兔子

　　小动物们很喜欢大象老师，因为他是一位极富智慧的老师。

　　这天，大象老师鼻子上卷着一摞厚厚的纸张来上课。

　　"这堂课，你们可要认真听呀。课后我会给大家发一份笔记。"大象老师对大家说。

　　大象老师开始上课了，大家都开始专心地听讲。

　　听着听着，小猪屁股就坐不住了，他想：反正大象老师课后要发笔记，不听也没什么。

　　听着听着，小猴也开始扭动起身子来，他想：反正大象老师课后要发笔记，不听也没关系呀。

　　听着听着，小羊开始在课桌上磨起他的角来，他想：大象老师课后会发笔记给大家的，我还是休息一会儿吧。

像以上三位小动物的情况不在少数，他们都自作聪明——反正课后要发笔记，听不听也无所谓了。

然而有些小动物，却在入神地听大象老师的课，生怕漏掉一点内容。

下课了，大象老师开始将他带来的那沓纸发给大家。

"咦，不是发笔记吗？怎么是白纸呀？"小猪叫道。

"老师，你是不是发错了呀？"小猴叫。

就连小羊和其他小动物，也都望着大象老师疑惑不解。

"上课前，我就说过希望大家一定要认真听这堂课。认真听讲的同学，可以把刚才课堂上听到的写在纸上，没有认真听讲的，不好意思，只好送你们白纸啦。"大象老师笑着说。

听了大象老师的话，没有认真听讲的小动物竟然无言以对，他们直懊悔刚才为什么没有好好听讲。

你瞧，没有认真听讲的小动物只会对着白纸发愣，而认真听讲的，他们则快速地将所记住的内容写在了白纸上。

在这么多的小动物里，只有一位几乎写下了大象老师所讲的全部内容，他就是大象老师最得意的学生——小兔子。

"现在，大家懂得倾听的价值了吗？"大象老师满意地把小兔子的笔记贴在墙上，大声地问。

【妈妈点一点】

读了这个故事，你知道它主要讲述的是什么吗？是的，倾听，在课堂上，倾听老师的话很重要；在与朋友谈话时，倾听朋友的话也很重要；在和爸爸妈妈沟通时，倾听同样重要。不然，就会像那些没有倾听大象老师讲课的小动物一样，只能收获一张白纸。只有乐于并善于倾听的人，才有可能成为知识的富翁，而那些不愿意倾听的人，其实是在拒绝接受财富，终将沦为知识的穷人。

【妈妈有办法】

怎样才能让孩子学会倾听

不善于倾听的孩子，总是喜欢自说自话，别人的话根本听不进去，有时还喜欢插话打断别人。这种行为，一个是显得没有涵养，对别人很不礼貌，另一个是影响了自己对信息的接收。

方法

1. 以身作则，做一个善于倾听的父母。如果你总是打断孩子说话，那么他就会养成坏习惯。控制自己的急性子，在孩子讲述事情时，不要打断他们，做一个以身作则的好父母。

2. 孩子倾听他人讲话之后，要给予表扬。一旦孩子懂得倾听别人说话，妈妈这时就需要给孩子小小的夸奖，让孩子意识到他这样做是非常正确，也非常重要的，慢慢地，孩子就会养成倾听的习惯。

3. 多进行亲子阅读。给孩子多讲睡前故事，孩子可以通过感受不同的语音语调，养成耐心、安静倾听别人讲话的习惯。在亲子阅读中，妈妈也可以充分利用提问、追问的方法，提高孩子倾听的专注度与理解能力。

【互动小贴士】

妈妈在家里，可以对孩子进行倾听的动态训练三步曲：一是听问，妈妈可以提出一个问题，并给出回答的要求，让孩子回答；二是听写，给孩子读一段绕口令，先慢后快，让孩子边听边写出来；三是复述，给孩子讲一段小故事，多讲几遍后，让孩子进行完整的复述。

鸭子菲菲

学会友爱，不孤单

开学了，老师给孩子们排座位，可是谁也不愿意和你的孩子坐在一起，因为他的脾气很不好。最后，老师只好把他一个人安排到一张靠墙角的座位上。孩子很伤心，他觉得小朋友都讨厌自己，所以他也不搭理那些小朋友。

【妈妈讲一讲】

鸭子菲菲

有一只名叫菲菲的小鸭子，她有两个要好的小伙伴蒙蒙和花花。菲菲，每天都和小伙伴们一起到树林里刨土找虫子吃。

她们三个无论谁刨到几条虫子，都忘不了招呼大家米一起分享。

虽然每天找到的虫子不是很多，甚至有时候还要挨饿，但她们过得很快乐。

这天，菲菲正在大树下找虫子，一只麻雀蹲在树上小声对她说："喂，小鸭子，你这样忙活半天也找不了几条虫子，多辛苦啊！南边有一座庙，庙里有位老爷爷，老爷爷有一个聚宝盆，聚宝盆里有永远吃不完的东西。如果你去庙里把聚宝盆要来，你就不用每天这么辛苦啦！"

菲菲一听，顾不上和伙伴们打招呼，急急忙忙地向庙里跑去。

菲菲历尽艰险来到庙里，庙里果然有一位老爷爷。

老爷爷真的有一个聚宝盆。

"你想要这个聚宝盆，就得用你所有的朋友来换取。"老爷爷对菲菲说。

"可是怎么换啊？"菲菲急切地问。

"只要你拿到了我的聚宝盆，你的朋友就都会从你的生活中消失了。你是要朋友呢，还是要聚宝盆？"老爷爷说。

"好，我要聚宝盆！有了它，我就有吃不完的东西了，没有了朋友，我一样会生活得很快乐。"菲菲想了想说。

老爷爷把聚宝盆给了菲菲，菲菲高兴极了，抱着聚宝盆飞快地跑下山，她要让朋友们一起看看神奇的聚宝盆。

可是，菲菲回到原来的树林里，发现朋友们都不见了。

麻雀还蹲在原来的那棵树上，"嘿嘿"地笑："傻瓜，你找不到你的朋友了，她们都被你用来换聚宝盆了！"

"哦，是的，老爷爷说过的。"不能和朋友们一起分享得到宝贝的快乐，菲菲很失望。

菲菲自从有了聚宝盆，真的再也不用辛辛苦苦地刨土找食物了。

她什么时候饿了，聚宝盆里总有满满的小米等她吃，这样的日子过得很轻松。

可是，不知道为什么，菲菲再也找不到从前的快乐啦！

菲菲总是忍不住回忆自己和伙伴们在一起时的快乐情景，她常常难过地叹气。

这天，菲菲终于下定决心，她带着聚宝盆重新回到庙里，找到了老爷爷。

"老爷爷，我把聚宝盆还给你，你把我的朋友还给我吧！"菲菲说。

"你真的要放弃聚宝盆？你的朋友比它还重要吗？"老爷爷笑眯眯地问。

"是的，我不要聚宝盆，我要朋友，我要过原来的生活。"菲菲坚定地说。

"好吧，现在你回去，马上就可以看到你的朋友了。"老爷爷一挥他的衣袖，菲菲一下子就回到了原来的树林里。

"菲菲，你跑到哪儿去了？快过来，我刚刚找到了一些草种籽，过来一起吃吧！"花花亲热地说。

"我找到了一些小虫子，你们都过来吃一点儿！"蒙蒙也大声说。

这时，失去了聚宝盆的菲菲心里感到无比幸福。

【妈妈点一点】

如果你喜爱的玩具放在你面前，你是要独自一人玩呢，还是叫上朋友一起玩呢？故事里菲菲因为要了聚宝盆，而失去了朋友，她以为自己会很开心，可是到最后她才发现，自己一点都不快乐。没有朋友的生活，即使有再多的吃食和玩的，也不会感到快乐。

【妈妈有办法】
怎样教孩子与同伴友爱相处

很多父母总喜欢把孩子关在家里，很少让孩子与小朋友们玩耍。尤其是孩子被老人带的情况下，孩子外出玩耍的机会更少。这使得孩子没有和同伴相处的生活经验，一旦和小伙伴们玩耍，就会因为性格原因而被别人孤立，继而产生疏远和不合群心理。

方法

1. 父母树立友爱的榜样。在生活中，妈妈要表现出友善的态度，与邻居和睦相处，待人处事温柔友善。因为孩子非常善于模仿，妈妈以身作则，孩子就会照着做。

2. 培养孩子的容人之心。与伙伴之间出现摩擦或矛盾时，一定要及时引导孩子，站在对方的位置上考虑问题，让孩子为他人着想，学会宽容和谅解。毕竟，只有大度的孩子才能与人更好地友爱相处。

3. 多让孩子参加集体活动。孤独的孩子在人际交往中都会存在问题，所以妈妈要多创造机会，让孩子投身于集体活动之中，更容易锻炼其与人相处的能力。

4. 孩子之间的事，让孩子自己处理。孩子的友谊出现了问题，你可以引导，可以建议，但不要直接参与，让孩子去思考，去解决。如果事事都要插手，并不利于孩子社交能力的提高，还会影响孩子自信心的建立。

【互动小贴士】

教给孩子待客礼仪，然后找机会让孩子独自招待客人。孩子招待客人时，大人只作为辅助，整个接待过程由孩子自己做主。在孩子接待的过程中，用眼神给予鼓励、赞赏，孩子就会变得越来越自信。在频繁的锻炼中，孩子就能掌握待人接物的方法，与人交往也会更顺利。

彩色帐篷

与人为善，落落大方

晚上，孩子在家里蹦蹦跳跳，你对孩子说："轻点轻点，楼下的奶奶要睡觉了。"孩子问："可是咱家楼上的小哥哥一直在上面跺脚呀。"你告诉他："这会儿咱们还不睡觉，就让楼上的哥哥锻炼一会儿，身体棒棒的。"孩子听了噘起小嘴说："可我也想锻炼呀！"你笑着说："锻炼有很多种方法，来，跟妈妈一起伸伸胳膊蹬蹬腿。"孩子听了，张开小嘴笑了。

【妈妈讲一讲】
▼ 彩色帐篷

兔子黄黄在田野里放风筝。

"黄黄，你的风筝真漂亮，能不能送给我呀！"小猴子跳跳跑来对黄黄说。

"不行呀，我很喜欢我的风筝。"正在放风筝的黄黄说。

"我用我最喜欢的东西和你换吧？"跳跳说着，拿出一粒彩色的种子。

黄黄看了看跳跳，决定用自己的风筝换跳跳的彩色种子。

黄黄把这粒种子种在了田野里，她还浇了很多水。

第二天一大清早，黄黄去看她的彩色种子。

天啊，真惊讶，土里竟然长出了彩色的帐篷，像豆粒一般大。

"长出帐篷啦，长出帐篷啦！"黄黄急忙拿出喷壶，给小小的帐篷浇上水。

"长大吧，长大吧。"彩色的帐篷长大了一点。

"咦，真棒，这是我的帐篷呀！"小鸭跑过来，进去了。

彩色的帐篷又长大了一点。

"咦，真棒，这是我的帐篷！"小狗走来，也进去了。

彩色帐篷不停地长大。

"咦，真棒，做我的家可真不坏呀！"小羊也来了。

"黄黄呀，这真是好帐篷啊！"

窗户上，小鸭、小狗和小羊，各自露出快乐的笑脸。

照着阳光，还浇上水，彩色的帐篷长得更大了。

"真棒，是我的帐篷呀！"这一回，黄黄进去了。

彩色的帐篷，一刻也不停地长大。

老虎、狮子、小鹿来了，小马也来了。

就连人类的小孩也跑来了。

彩色的帐篷越长越大，越长越大。

最后，他长成了像高楼一样的大帐篷。

"让我进来！"

"也让我进来！"

动物、小孩源源不断地赶来。

最后，小猴子也跑过来，他睁圆眼睛叫道："呀，好大的帐篷啊！"

"小猴子，这是彩色的种子长出的帐篷！"

"原来是我的宝贝！"小猴子跳起来说："黄黄，风筝还给你，你也把帐篷还给我！"

"喂——这帐篷是我的，请不要进去，大家都出来！"他又大喊道。

随着小猴子跳跳的喊声，跑出来五百个孩子，五百只兽和五百只鸟。

小猴子大摇大摆地走进帐篷，拉上了拉链。

这时，彩色的帐篷突然长得更大了。

"天哪，快要碰到太阳了！"黄黄叫道。

突然，帐篷猛烈晃动，接着倒塌下来。

大家吓得四处逃窜，好一会儿，他们才抬起头看。

彩色的帐篷不见了。

只有一只吓昏了的小猴子，正直挺挺地躺在那儿呢。

【妈妈点一点】

你喜欢黄黄呢，还是喜欢小猴子跳跳呢？如果让你从中选择一个做好朋友，你会选择谁呢？黄黄是个大方的与人为善的小兔子，而小猴子跳跳则很小气，与人互换的东西，又要了回去，是不是显得很没有气度？最后什么也没有得到。

【妈妈有办法】

怎样让孩子养成与人为善的习惯

与人为善，也是与己为善。与人为善的孩子，很有爱心，朋友也会很多，快乐指数也高。如何培养孩子这种重要的品质，你不妨参考以下几种方式：

方法

1. 教孩子基本礼仪。平时妈妈在与人交往时，多说些礼貌的话，如"你好""谢谢"等。以自己为示范，然后教给孩子。当孩子和其他小朋友一起玩耍时，你就可以鼓励孩子多练习说这些话。

2. 教孩子学会包容。鼓励孩子多交朋友，因为孩子在交往中，成长得更快。当孩子和小朋友之间出现矛盾时，妈妈要引导孩子进行换位思考和让孩子自己想办法处理与朋友的关系，这样孩子不但会慢慢理解他人，也会获得更多处世经验。

3. 鼓励孩子多参加集体活动。让孩子多参加集体活动，不仅能得到生活上的锻炼，交到朋友，还能改善性格，找准位置，更能形成快乐积极的性格。

【互动小贴士】

和孩子一起玩互动游戏。妈妈扮老奶奶过马路，请孩子帮忙扶助，孩子帮完忙，要对孩子说："谢谢你！"爸爸扮老爷爷上公交车，孩子起身让座，爸爸要对孩子说："你真是个懂事的孩子，谢谢你！"同时引导孩子说："不客气。"孩子摔倒了，求助妈妈扮的小朋友，扶起后，要教孩子说："谢谢你扶我。"这些游戏能培养孩子与人为善的情感，锻炼与人友好交往的能力。

叽叽与嘎嘎

同舟共济，能成功

孩子喜欢独来独往，喜欢一个人玩耍，只要是集体活动，他都不感兴趣。你和朋友们各自带着孩子进行户外活动，孩子也不和别的孩子交流，也不参与大家的游戏，总是一个人待在一边无动于衷。班级每次获得荣誉，同学们兴奋不已，他却显得很冷漠……这样的孩子，你要如何引导？

【妈妈讲一讲】
▶ 叽叽与嘎嘎

从前，有一只小鸡和一只小鸭，他们都喜欢唱歌，而且又是邻居，因此他们成了好朋友。

小鸡呢，叫叽叽小鸡；小鸭呢，叫嘎嘎小鸭。

叽叽小鸡喜欢叽叽叫，就像你们家的那只小鸡一样，一看到什么就喜欢叽叽叫。嘎嘎小鸭呢，也老爱嘎嘎地叫。

小鸭和小鸡很要好，但也常吵架。

叽叽小鸡很讨厌小鸭嘎嘎地叫，影响他唱歌。而小鸭嘎嘎，一听小鸡叽叽叫，就搞得他心神不定。

他们常为这件事闹别扭，有时甚至你追我赶地打起架来。

有一天，嘎嘎小鸭实在太气愤了，就把叽叽小鸡赶到门外去了。

嘎嘎小鸭在桌子上铺上纸，他想写一首很优美的曲子，准备去参加歌唱比赛。

他正想落笔的时候，忽然听见门外传来轻微的叽叽声，原来叽叽小鸡在大门外唱起歌来。

"叽叽，叽叽……"这歌声还真好听。

嘎嘎小鸭被吸引住了，他就写了一首《小鸡叽叽之歌》。

他刚写好歌，叽叽小鸡就跑进来把嘎嘎小鸭撵了出去，把门关上了。

叽叽小鸡也铺开纸，他想写一首歌，到春季唱歌会上演唱。

这时，嘎嘎小鸭在门外唱起歌来。

叽叽小鸡觉得挺有趣，就写了一首《小鸭嘎嘎之歌》。

后来，他们把这两首歌合二为一，成为了一首很特别的歌。

歌唱大赛上，叽叽小鸡和嘎嘎小鸭，唱起《小鸡叽叽小鸭嘎嘎之歌》。

"叽叽，叽叽，嘎嘎，嘎嘎……"

歌声引来一片掌声，大家都特别喜欢这首歌。

这一对好朋友，捧走了歌唱大赛的头等奖。

他们的歌还被做成唱片，销路非常好，他们有了钱，还在草地上盖了一幢新房子。

这一对好朋友，只要分开才两天，就浑身不舒服，嘎嘎小鸭听不到叽叽小鸡叽叽唱，吃饭也不香；叽叽小鸡呢，听不到嘎嘎小鸭嘎嘎唱，连睡觉也不香。

后来，嘎嘎小鸭先到叽叽小鸡的新房子里住了半个月，然后，叽叽小鸡再到嘎嘎小鸭的新房子里住了半个月，他们还是难分难舍的好朋友。

告诉你一个秘密，他们连下一届的歌唱大赛上演奏的歌都写好了，你猜他们写出了什么？

叽叽小鸡写的是《嘎嘎嘎嘎跳起来》。

嘎嘎小鸭写的是《叽叽叽叽飞起来》。

到时候请你来欣赏吧！

【妈妈点一点】

叽叽和嘎嘎是一对好朋友，他们有时吵架，有时和好。他们找到了好办法，进行合作，你看到他们合作后的成果了吗？是不是应该为他们的这种合作精神鼓掌？在你的生活中，也有很多和伙伴们合作的机会，你一定要抓住机会，展示自己的交际能力。

【妈妈有办法】

怎样培养孩子的合作意识

好动、表现欲强是孩子的个性特点，大部分孩子总是以自我为中心，不善于倾听。这种情况反映出孩子们还没有形成合作意识，这就需要妈妈给予正确的引导。

方法

1. 通过集体活动帮助孩子树立合作意识。多让孩子参加集体活动，引导孩子和小朋友一起相互帮助。在集体活动中，小朋友们为了完成目标，会自觉合作，这样的活动远比妈妈的说教更有效。

2. 让孩子体会合作成功后的愉悦。让孩子通过与小朋友的合作，体验合作成功所带来的快乐。孩子有了这种体验，他就会形成合作意识，主动寻找小朋友合作。妈妈需要为孩子创造合作的条件，设置相应的任务，难度不宜太大。

3. 教给孩子合作的方法。孩子形成合作意识之后，很可能因为不懂合作方法而放弃，这就需要妈妈的引导。例如四个小朋友一起玩拼图，妈妈可以告诉他，各自负责一部分，这样可以提高效率。

【互动小贴士】

让孩子一起参与做家务。比如炒菜前，让孩子帮忙洗一些好洗的菜，炒菜时，可以让孩子试着翻炒；打扫卫生时，可以让孩子准备塑料袋装垃圾；炒鸡蛋时，可以让孩子学着磕鸡蛋壳，再将蛋黄蛋清放入碗里……此类家务活动，都让孩子参与进来，慢慢地孩子就会觉得他能做很多事情，开始喜欢合作并积极参与进来。

自以为是的小马

自以为是，害自己

　　孩子有一定的思考能力，你常夸他独立思考，也夸他喜欢看科普书，懂的东西多。慢慢地，你发现孩子有了一个坏毛病——自以为是。上课时，他对同桌说："这个我早就会了，根本不用听，因为我在外面上过这节课。"但是当老师提问时，他却回答不出来。在家里，孩子不会做的题，你刚给他讲，他就不耐烦地说："我知道了，我知道了。"当你让他自己做时，他又说不会做。

【妈妈讲一讲】
自以为是的小马

　　小马长了四条腿，"嗒嗒……"跑得真快！

　　小猪也长了四条腿，"哂哂……"比小马可要慢多了。

　　"小猪，小猪，咱们来赛跑，好不好？"活蹦乱跳的小马对小猪说。

　　"你跑得比我快，我追不上你呀。"小猪仰起头看着小马说。

　　"我就知道你不敢和我比赛，给你说也不过是看得起你。哼，没有谁比我跑得再快的了。"小马得意地说。

　　"你太得意了吧？比你跑得快的多的是。"小猪生气地说。

　　"你说说，谁能比我跑得快？"小马嘶叫着说。

　　"猎豹呀，他可比你快多了！"小猪说。

"那可不一定，反正没看到过他，根本无法判断！我只知道，我比你这头蠢猪跑得快多了！"小马满不在乎地说。

"好，我答应你，咱们这就来赛跑！"小猪忽然下决定说。

"你还真敢跟我赛跑？真是笑死马了！"小马大笑道。

"我一定要和你比一比，灭灭你的嚣张劲儿！"小猪说。

"那好，咱们就从这儿跑起，看谁最先跑到南山脚下大石头跟前儿。预备！一，二，三，跑！"小马叫道。

小马的话音刚落，他就撒开腿跑了出去，还真是跑得快，一眨眼工夫就不见踪影了。

再看看小猪，他刚一起跑，就差点被自己绊倒。

小马跑啊跑，回头看了看，连小猪的影子都看不见。

"那头蠢猪竟然敢跟我赛跑，还真把自己当回事了。我还是在这儿吃会儿青草，再睡一会儿觉。说不定等我睡醒了，他还不知道才跑到哪儿呢。"小马心想。

这么想着，小马就开始吃起青草来，吃得饱饱的，然后他就卧在地上，开始睡觉了。

再说小猪，跑得也真慢。

可是小猪才不管自己慢不慢呢，他只想坚持往南山下那块大石头跑去。

小猪口渴了，他对自己说："不能停，坚持！"小猪好累，他对自己说："不能停，坚持！"

坚持的小猪跑呀跑，等他跑过小马的身边时，小马还在睡觉呢。

小猪看了一眼小马，继续呼哧呼哧地往前跑。

小猪离南山越来越近了。他坚持往前跑，接着，他离石头也越来越近了……

终于，小猪爬到了终点。

而小马，这时还在做梦呢！

醒来后的小马往后瞅了瞅，没有看到小猪的影子。

"小猪保准还在后面跑着呢，我还是先跑到石头跟前儿去吧。"小马想。

可是当小马跑到终点时，发现小猪竟然站在石头跟前儿了。

气极的小马赶紧冲过去。可是有用吗？太晚了！

结果自然是：小猪赢了，小马输了！

【妈妈点一点】

从这个故事里，你学到了什么？小马的自以为是，使得比他跑得慢的小猪跑到了自己前面，赢得了胜利。当一个人觉得自己比别人聪明时，总是忽略了别人的努力。实际上，努力要比聪明重要得多。所以，不要小看别人，不要高估自己，一旦陷入自以为是的状态，最终会吃大亏。

【妈妈有办法】

怎样纠正孩子的自以为是

孩子的自以为是往往会表现在几个方面，在学校，总是一副盛气凌人的样子，没有同学愿意和他玩。在家里，不尊敬长辈，表现得很无礼。不但不屑于回答别人的提问，还喜欢挖苦和讽刺别人。一旦发现孩子这样的"苗头"，妈妈一定要及时采取措施进行纠正。

方法

1. 中肯评价孩子。孩子做了值得表扬的事，妈妈需要针对实际情况，客观中肯地进行表扬，而不是夸张地表扬和吹捧，也不能没完没了地表扬，这样很容易形成孩子自以为是的心理。

2. 客观批评孩子。孩子做错了事，妈妈要批评得恰如其分，就事论事，不能扩大范围，客观指出孩子的不足，让孩子正确认识自己，然后帮助孩子改正。

3. 对孩子进行挫折教育。自以为是的孩子，一般遭遇挫折的机会少。妈妈可以给孩子创造这样的机会，只有经历了挫折，孩子才有切身体会，并正确认识自己。天外有天，人外有人，当孩子意识到比自己强的人很多时，他就会消除自负心理。

【互动小贴士】

跟孩子约法三章，在纸上写下这些内容：不许讥笑同学的缺点，发现同学有困难要主动帮助；有合理的建议要举手说，当朋友或同学不能满足自己的要求时，不能耍小性子；要正视自己的缺点并加以改正；在与人交往中，要谦恭有礼，不骄不躁，不卑不亢，不欺不诈。约法三章写完后，让孩子签名。问题设置还可以再多一些，目的是改变孩子的行为习惯，让孩子待人接物变得有礼貌和谦虚。

情商

高情商的孩子更杰出

妈妈的陪伴
从讲故事开始

城里的孩子，乡下的孩子

换位思考，不小瞧

王老师带着孩子们在户外玩，丫丫不小心碰到了娓娓，娓娓生气地说："你干什么要碰我！"丫丫很有礼貌地对娓娓说："对不起，我不是有意的。"娓娓却说："我不要听对不起。"王老师看到了，蹲下身来轻声对娓娓说："娓娓，丫丫是不小心碰到了你，刚才已经向你道歉了，为什么不能原谅她？"娓娓没有吭气。这时，王老师看看一旁的李老师，就故意走过去，将刚才的情景又再现了一次，然后两位老师之间开始相互礼让、道歉。娓娓看了，对丫丫说："我也向你道歉。"

【妈妈讲一讲】
城里的孩子，乡下的孩子

城里的孩子和乡下的孩子在一次偶然相遇后，他们成为了好朋友。

一天，城里的孩子邀请乡下的孩子来自己家里做客。

两个孩子坐地铁去游乐场。

"地铁为什么要建在地下呀？"乡下的孩子问城里的孩子。

"因为地面上交通太堵了，地铁建在地下面，可以解决地面上的运输压力啊。"城里的孩子得意地说，"而且，速度还很快，不会拥堵。"

"原来是这样呀，真是先进！"乡下的孩子说。

两个孩子出了地铁，来到大街上。看着黄色凸条纹样的路，乡下的孩子指着问道："这是什么呀？和别的路不一样。"

"这叫盲人道，是为了方便盲人走路而铺的。"城里的孩子说。

到了游乐场，乡下的孩子惊叫起来："那些车为什么要撞在一起？不怕撞坏吗？"

"你喊什么呀！"城里的孩子说，"这是碰碰车，底座是橡胶做的，碰不坏，我们去玩一下吧。"

城里的孩子带着乡下的孩子看着玩着，每到一处，乡下的孩子总是问这问那，有时还大惊小怪。这让城里的孩子有些看不起，在他眼里，这个乡下的孩子真的好老土，简直像个傻瓜。

一趟城市之行后，乡下的孩子邀请城里的孩子上乡下玩。

乡下的孩子陪城里的孩子到野外去玩。

"这匹马叫声怎么和城里的马不太一样？"城里孩子指着一匹驴说。

"它不是马，它是驴。"乡下的孩子解释道。

"呀，那个绿果子看上去很好吃！"城里的孩子去摘一棵树上的果子。

"这个现在可不能吃，它是柿子，到了秋天才能成熟。"乡下的孩子说，"成熟后，我给你寄一篮子。"

"那条狗长得怎么怪怪的？"城里的孩子指着在田野里奔跑的细狗问，"我在城市里可从来没有见过。"

"那是细狗，也是猎狗的一种，他是用来捕兔子的。"

他们来到一处田地边。

"呀，这么多韭菜！"城里的孩子惊讶地叫道。

"这不是韭菜，是麦子。你吃的面条和馒头，就是把它磨成粉做的。"乡下的孩子说。

"这些草上大清早要喷水吗？"城里的孩子问。

"那不是喷的水，"乡下的孩子解释说，"是露水。"

问东问西的城里孩子，心里怪不好意思的。因为他觉得，自己到了乡下，也像个傻瓜。

【妈妈点一点】

城里的孩子看不起乡下的孩子，觉得他是个乡巴佬，什么也不懂，还大惊小怪。可是当他去了乡下时，才发现自己也什么都不懂。这个故事告诉我们，做事一定要换位思考，只有站在别人的位置上考虑问题，才能真正地理解，才不会给人难堪。尊重别人，也会获得别人的尊重。

【妈妈有办法】
怎样才能让孩子学会换位思考

孩子如果拥有换位思考的习惯，那么他的人际关系会非常好。遇到挫折时，内心也一定非常强大，因为有同理心的孩子懂得如何调节自己的情绪，也能直面难题，想办法去化解，而非逃避。

方法

1. 和睦的家庭氛围。家人相互尊重与关爱，是满足孩子情感需求的条件，只有这些条件满足了，孩子才能学会替别人考虑。

2. 理解孩子的情绪。当孩子出现消极情绪时，妈妈一定要及时关注与安抚。如果不管不顾，或者当孩子表现不好时斥责他，很难培养换位思考的习惯。

3. 教孩子体验别人的感受。大多数孩子习惯了家人的处处维护，习惯以自我为中心，很少能站在别人的位置上考虑问题。妈妈可以通过故事、影视、平时生活的点滴，教育孩子学会换位思考，让孩子与故事中的角色进行换位思考，询问具体感受。让孩子从这些事情中学会反思，才能懂得体谅别人、尊重别人。

4. 让孩子适当受到教训。让孩子受到适当的惩罚，一是有助于形成深刻的印象，一是通过事件本身可以让孩子学会换位思考。生活体验比说教更容易让孩子接受教训，并学会思考。

【互动小贴士】

和孩子一起看有教育意义的电视节目。如果电视中出现争执的一幕时，可以引导孩子想一想，当他遇到这种情况时怎么处理。"如果我是他，我会怎么做呢？"然后让孩子说出自己的想法，妈妈进行指导。让孩子体验别人的感受，认识到哪些行为会给别人带来何种伤害，从而懂得换位思考。

飞蛾掉进蜘蛛网

反省自我，更进步

孩子在玩鱼缸里的金鱼，玩着玩着，他突然把金鱼从水中捞出来丢在了地上。眼看着金鱼在地上拼命地甩着尾巴，你赶紧捞起来放进鱼缸。你对孩子说："你口渴时会怎样？""想要喝水。"孩子回答。你继续问孩子："如果不给你水喝，你会怎样呢？""会很难受。"孩子想了想说。"鱼也很难受呀，它们一旦离开水，就会很快死掉。"孩子听了，赶紧看了看金鱼，说："我再也不这样干了，我不想它们死。"

【妈妈讲一讲】

▼ 飞蛾掉进蜘蛛网

一天，一只蜻蜓一不小心撞进了一张蜘蛛网里。

蜻蜓心里又怕又急，他使劲地挣扎着，想要脱离网。

"哎，这么大的网，你竟然往里面撞！"一只追着蚊子的飞蛾停下来说。

"你能帮帮我吗？"蜻蜓一边挣扎一边求救道。

"我很想帮你，可是我怕自己也被黏进这可恶的网里。"飞蛾瞧着蜻蜓说。

飞蛾飞走了，等他吃了几只蚊子后，又返回到蜘蛛网旁。

"咦？蜻蜓怎么不见了？"当他看到网上的破洞时，他才明白，原来蜻蜓自己挣脱蜘蛛网，飞走了。

几天后，飞蛾追着一只蚊子飞，因为他抓蚊子抓得兴起，结果撞进了那张已经补好的蜘蛛网。

一只大蜘蛛沿着网丝跑过去，仔细地瞧着他的猎物。"啊哈！"他欢喜地大叫了一声，"这下我有晚餐吃了！"

"求你放过我吧，我会抓蚊子给你吃！"飞蛾乞求道。

"蚊子哪里比得上你的肉好吃呢！"蜘蛛盯着飞蛾说，"不过你现在别怕，等到晚上，我才会吃掉你。"说完，蜘蛛爬走了。

飞蛾拼命地挣扎，两根丝绳被他扯断了，可是另外几根还牢牢地牵住他。

这时，一只蜻蜓飞过。

"救命啊！请你救救我！"飞蛾朝蜻蜓呼救。

"咦，这不是那天嘲笑我的飞蛾吗？"蜻蜓看了看网里着急的飞蛾。

当飞蛾看到蜻蜓是那天被自己嘲笑的那只时，再也不好意思求救了。他一个劲儿地振动翅膀，想挣脱蜘蛛网。

"你不要白白浪费力气。"蜻蜓说。

"不要说风凉话！"飞蛾忘了自己那天是如何对待蜻蜓的了。

"你知道我那天是怎么挣脱出来的吗？我在网上胡乱挣扎了一通，后来被我扯断了几根线，我这才看出门道来。于是我歇一歇，然后使劲再翻腾，线又被我扯断了几根。我就是这么三歇两歇的，然后使劲来几下，网被我弄个大窟窿，我就脱身啦！"蜻蜓说。

"是的，我太着急了，还是学学蜻蜓吧！"飞蛾心想。

飞蛾冷静下来后，他一动不动地歇了一阵子，使足了力气扑腾起来。好几根线被他扯断，于是他再休息会儿，然后又扑腾几下。

过了好一会儿，飞蛾就把蜘蛛网折腾了个窟窿出来，在蜻蜓的欢呼声中，飞蛾飞出了蜘蛛网。

飞蛾从蜻蜓身边掠过去，低声说了一句："谢谢你的帮助，我为上次的事向你道歉！"

【妈妈点一点】

蜻蜓撞进蜘蛛网时，飞蛾是怎样对待蜻蜓的？当飞蛾落进蜘蛛网后，蜻蜓又是怎样对待他的？蜻蜓心软，是他教给飞蛾挣脱蜘蛛网的方法。飞蛾用蜻蜓的方法，终于挣脱了网而获得自由。飞蛾虽然喜欢说风凉话，但他是一只懂得反省的飞蛾。瞧，他向蜻蜓道歉了。

【妈妈有办法】

怎样培养孩子自我反省的能力

陶渊明说："悟以往之不谏，知来者之可追。"在忙着督促孩子和培养孩子各种能力时，也需要培养孩子的自我反省意识。只有教育孩子学会自省，不断检查行为中的不足之处，他才能不断完善自我，不断成长。

方法

1. 教导孩子勇于承认错误。想要让孩子学会自我反省，就得让他对自己的过失有个正确的认识。你要告诉孩子这件事为什么不对，然后鼓励他勇于承认错误。

2. 让孩子承担犯错的后果。孩子做错事，就要去承担责任，当孩子品尝到犯错的惩罚之后，才会深化自我反省意识。

3. 给孩子灌输积极的情感。孩子只有充满了正直、善良、勇敢等积极正面的道德情感时，心灵才会变得美好，也更懂得自我反省。这样的情感会让孩子区分好坏、是非，改正错误。

【互动小贴士】

用画气泡图的方式和孩子一起进行自我评价。利用气泡图进行自我提问、经验总结和自我评价，然后进行一一反思，把反思写在气泡图上。孩子也给自己画气泡图，对自己进行提问和评价。气泡图完成后，和孩子进行讨论，家长可以把自己的经验传达给孩子。有了这个方法的导引，孩子的反思意识自然就会强化。

灰狼当了羊国王

明辨是非，判断强

公交上车，一位阿姨和一位老爷爷抢座位。下车后，你和孩子讨论起这件事。"你觉得这个阿姨的行为对吗？"你问。"不对。"孩子说。"为什么呢？""因为她没有礼貌。""为什么她没有礼貌呢？"孩子想了半天，却不明白其中的道理。"因为啊，她不懂得尊敬老人。"你说。

【妈妈讲一讲】
▶灰狼当了羊国王

在一片草原上，有一个羊的王国。忽然有一天，跑来了一只灰狼。

灰狼跑到羊国王那里，用花言巧语请求国王允许他住在羊国里。羊国王一心软，就同意了。

没多久，羊国内部出现了分裂。这下可给了灰狼前所未有的机会，他加入了山羊族，帮助他们攻打绵羊族。

山羊族和绵羊族最后两败俱伤。这时灰狼跳出来，说他愿意从中调停，条件是大家拥护他做羊国国王。

于是头脑不灵光的羊都相信了灰狼的话，让他做了国王。而这个新国王呢，每天都偷吃着羊。

后来灰狼胃口越来越大，他就散播了这片草原将会面临灾难的消息，他说他得把大家送到另一片草原上去避难。于是，灰狼就把羊一只只地背在背上，然后在半路上就把这些羊给吃进了肚子里。

羊百姓要被灰狼吃光了，现在只剩下一只山羊。灰狼让山羊趴在他的背上，说要把他送走。

这只山羊乖乖地趴上灰狼的背，与其他羊不同的是，他将自己的角对准了灰狼的脖子。

当灰狼让山羊下身，说要休息一会儿时，山羊却问："尊贵的王，羊肉是不是很好吃？"

"是呀，美味极了！"灰狼说着还舔了下嘴巴。

听了灰狼的话，山羊猛然把自己的角扎进了灰狼的脖子里。

灰狼痛得大声嚎叫。"你这可恶的羊！"他蹦跳着，想把背上的羊给甩掉，但不管他怎么甩，山羊的角还是牢牢地扎在他的脖子上。

"我劝你还是安静点的好，你越动，角就越扎得深，你的血就流得越多。我早就闻到了你身上的血腥味，不然我不会一直将我的角对着你的脖子。"山羊镇定地说。

这时候，残忍的灰狼头脑才稍微清醒点了，他又开始甜言蜜语道："高贵的山羊啊，现在您就是羊国的国王了，我要成为您的臣民，您说让我做什么，我就做什么……"

"你这条忘恩负义的狼，我不会放过你的！"山羊冷冷地哼了一声，将自己的角狠狠地向灰狼的脖子刺得更深。

只听灰狼惨叫一声，顿时倒地而亡，他的脖子被山羊的角给刺穿了。

【妈妈点一点】

灰狼因为愚弄别人而沾沾自喜，但最后一只山羊却让他受到了惨痛的教训。所以，孩子，不要轻易相信别人的话，凡事要自己做出正确的判断。聪明的人应当事先考虑清楚事情的结果，然后才去做。

【妈妈有办法】

怎样培养孩子明辨是非的能力

想要培养一个明辨是非的孩子，妈妈就要通过平时生活中的小事、故事、动画片、社会实践等来培养孩子这方面的能力，给孩子灌输正确的价值观和是非观。

方法

1. 通过图书教孩子明辨是非。妈妈可以给孩子购买行为判断的图画书，通过给孩子讲解这些书的内容和观看图片，提高孩子的观察能力、分析能力、判断能力，以及明辨是非的能力。

2. 从生活点滴中教孩子明辨是非。生活是最好的教育场所，妈妈需要多带孩子出去，遇到的一些人和事，都可以作为素材去帮助孩子进行思考和判断，去辨别是非，让孩子在具体的生活事例中形成正确的价值观。

3. 指导孩子不要急于求成。孩子越小，分辨能力越低，所以一定要循序渐进，一步步提高孩子的分辨能力，让孩子从你的肯定或否定的态度中，逐步了解哪些是对的、哪些是不对的。

【互动小贴士】

和孩子一起制作卡片，并让孩子给每一张卡片的内容配上有关的图画。卡片上可以这样写：尊敬长辈、帮助他人、团结友爱、不盲目跟从、独立思考、不人云亦云、谨慎做事……卡片制作好后，和孩子一起贴在家里能看到的地方，以给孩子经常性的提醒，慢慢培养孩子的正确思想。

叽叽喳喳在吵架

多体谅，友谊久

孩子在学校因为竞选班干部与同桌发生了口角，一连好几天两个人谁也不理谁。孩子为此很难过，回到家里情绪十分低落，还越想越生气。怎样才能让孩子快乐起来，怎样让孩子和同桌和好，还真是个问题。

【妈妈讲一讲】
叽叽喳喳在吵架

院子里，小鸡叽叽和小鸡喳喳在聊天。

"我的爸爸是公鸡。"小鸡叽叽说。

"我的爸爸也是公鸡。"小鸡喳喳也说。

"我的妈妈是母鸡。"叽叽说。

"我的妈妈也是母鸡。"喳喳说。

叽叽提高了声调，说："我的外公是公鸡。"

喳喳也提高了声调，说："我的外公也是公鸡。"

见喳喳老跟自己说的一样，叽叽有点生气了，大声说："我的爷爷、奶奶、姑姑、叔叔都是鸡！"

小鸡喳喳也不示弱，也大声说："我的爷爷、奶奶、姑姑、叔叔也都是鸡！"

叽叽真的生气了，大叫道："我会大声唱歌，叽叽叽叽……"

"我也会大声唱歌，喳喳喳喳……"喳喳也大叫道。

"叽叽！"

"喳喳！"

"我不跟你玩了！"叽叽气得胡子直跳，吼道。

"我也不跟你玩了！"喳喳气得眼睛瞪得溜圆，也吼道。

他们越吵越厉害，差点打了起来。

"我，你……"叽叽还想说什么，喳喳打断了他的话："哼哼！我，我什么呀！"

突然，他们同时发现树枝上有两只黑洞洞的大眼睛。天啊，那可是老鹰那双恐怖的大眼睛呢！

"啊！"两只小鸡吓得猛地抱在了一起，躲到了屋里。

现在，他们又是好朋友了。

【妈妈点一点】

叽叽和喳喳是一对好朋友，不过好朋友有时也会吵架。当你和好朋友吵架后，你是什么心情呢？是不是很难过，又很生气？叽叽和喳喳就是这种生气的样子呢，不过他们被老鹰吓得抱在一起，又成了要好的朋友。所以，当和好朋友吵架后，可以反思一下自己的行为，之后主动去跟朋友和好。

【妈妈有办法】

怎样帮助孩子正确面对友谊的挫折

　　孩子在成长过程中，避免不了会遭受友谊的挫折，这是极为常见的事，但需要妈妈好好地对孩子进行引导。孩子处理好了，情感得到满足，也会变得快乐，处理不好，不仅会影响孩子的学习，还会影响他的身心健康。那么，应该怎样帮助孩子处理好友谊的挫折呢？你可以试用以下方法：

方法

　　1.当孩子在与朋友交往中受挫，妈妈要及时安抚孩子的情绪。比如拥抱一下孩子，轻轻拍拍孩子的后背，并鼓励他进行自我反省和换位思考，找出矛盾的根源，然后主动和解。

　　2.出现矛盾之后，给孩子创建和解的机会。在孩子和朋友无法自觉和解的情况下，你可以适当从中调节，比如安排一次聚会，让他们坐在一起，给他们更多的接触机会。通过这种方法，让双方拥有更多沟通的机会，消除隔阂。

　　3.寻找新朋友。如果孩子与朋友发生严重矛盾，很难调和，而孩子的情绪一直很低落。这时，妈妈就需要鼓励孩子结交新的朋友，并为孩子提供交朋友的机会。

【互动小贴士】

　　孩子和好朋友发生了矛盾，你可以这样提问孩子：

　　第一，事情发生的起因、经过和结果是怎样的？（目的：给孩子说话的机会。）

　　第二，你现在有什么体会和感受？（目的：可以让孩子发泄情绪。）

　　第三，你打算怎样解决这件事？（目的：让孩子去思考，去想办法。）

　　第四，这些方法造成的后果会是什么样的？（目的：让孩子检视自己的方法是否可行。）

　　第五，你确定这样做吗？（目的：让孩子拿定主意。）

　　第六，我能帮你做什么吗？（目的：表示你对孩子的支持。）

　　孩子解决了事情后，你可以再问孩子几个问题：结果怎么样？是不是你所想的那样？以后再遇到类似的事情，你会怎么做？

　　这样练习几次后，孩子就会轻车熟路，不需要你去操心了。

男爵的故事

幽默诙谐，朋友多

　　孩子非常羡慕那些说话风趣、幽默的小朋友，他觉得那些孩子的朋友特别多，他们走到哪里，哪儿都会有笑声。孩子问你，自己怎样才能幽默起来，能说出好多风趣的话，他也想用幽默感交到很多朋友。

【妈妈讲一讲】
男爵的故事

　　男爵扫视四周，微笑着说："我的故事可以一口气讲上三天三夜，管保让你们听得目瞪口呆！"然后他就开讲了，以下是他讲的故事——

　　我遇到的有趣的人，经历的有趣场合，真的是比你们多太多啦！嘿嘿，谁叫我是一个天赋极高的人呢，而跟我打交道的那些伙伴，也都精明强干。

　　我常常同我的伙伴一起去山上狩猎，每次我都能获得大量的猎物。而在打猎中遇到的古怪而奇妙的事，一想起来我就乐不可支！

　　站在我卧室的窗口，能看到一个大池塘，大池塘里经常挤满一群各种各样的野禽。

　　有一天早晨，我向窗外看去，又发现池塘里有一群野鸭在里面畅游。我心里便痒痒了，好久没有吃烤野鸭了，今天可是个机会。

我赶忙从屋里取了火枪，撒腿就往外跑，谁知由于太过匆忙，下楼梯时，我的脸撞到了门框上。嘿，撞得我眼冒金星！但是我已经顾不了那么多了，时间紧急，一点儿也不能耽误。

就在我跑到池塘边，准备射击一只最肥的野鸭时，才发现，哎呀，老天爷，我的枪里居然没有打火石！一定是刚才那猛烈的撞击，撞掉了枪栓上的打火石。我心里顿时懊丧起来，恐怕跑回家拿打火石再来，野鸭该飞掉了吧？

该怎么办呢？就在我抱怨自己运气不好时，忽然，我有了一个好主意：我眼里不是刚才冒出来那玩意儿了吗？正好用得上。于是，我立刻把火枪瞄准那只肥鸭子，接着握紧拳头，对着自己的另一只眼睛，狠狠就是一拳！嘿，这狠狠的一拳，顿时让我眼里火星四溅。这眼里蹦出来的火星点燃了火药——枪声响了！我这一枪下去，竟然打下来五对野鸭、四只红颈鸟和三两只水鸡。

所以说，作为英雄，得有随机应变的能力。我把自己的这个好办法推荐给各位，如果你们在没法点火的时候，不妨给上自己的眼睛一拳，然后取点儿火星用用。

大家听了男爵的故事，都说他是吹牛大王，可是男爵却说："幽默感并不是人人都有的，前提是你得拥有欣赏幽默的眼光！

【妈妈点一点】

男爵的故事很离奇，也很幽默，大家都说他是吹牛大王，可是男爵认为，这是幽默的象征。要想做一个幽默、风趣的孩子，就得多阅读男爵的这种风趣故事。读得多了，看得多了，你也会慢慢成为幽默感十足的孩子。

【妈妈有办法】

怎样培养孩子的幽默感

具有幽默感的孩子，不但大方自信，而且心态乐观，朋友也比别的孩子多。幽默感是情商最重要的组成部分，它对孩子的身心发展起着举足轻重的作用。

方法

1. 多看幽默故事和影视。妈妈可以选择一些幽默故事讲给孩子听，遇到幽默的句子，可以给孩子多读几遍，加深孩子的印象，同时也是在丰富孩子的幽默语言库。还可以给孩子读一些智慧故事，玩一些脑筋急转弯等，以训练孩子思维的敏捷性。

2. 做一个幽默的妈妈。如果妈妈平时说话幽默，孩子也会潜移默化地学到这份幽默。孩子摔倒时，可以对孩子扮鬼脸，也假装跌倒，孩子就会破涕为笑；孩子玩得一脸脏兮兮时，可以对孩子说："呀，这是谁家的小花猫，好像钻到灶火里啦！"孩子在这种幽默氛围下，也会慢慢有了幽默感。

【互动小贴士】

和孩子一起表演幽默故事。平时可以收集一些智慧幽默的故事和笑话，然后定期表演。家人配合孩子扮演角色，大家把幽默故事尽可能地用夸张的动作和表情表演出来，然后由其他家庭成员进行打分，看谁演得最棒。